L'ESPRIT

DES

ALMANACHS.

L'ESPRIT

DES

ALMANACHS

ANALYSE

CRITIQUE ET RAISONNÉE

De tous les Almanachs tant anciens que
modernes.

A PARIS.

Chez {

La Veuve *Duchesne*, Libraire, rue S. Jacques,
au Temple du goût.

BARROIS, l'aîné, Libraire, Quai des Augustins,

MORIN, Imprimeur-Libraire, rue S. Jacques,
à la Vérité.

BRADEL, Libraire, première Cour de l'Arsenal, & rue du Théâtre François,

Et les MARCHANDS de nouveautés.

M. D CC. LXXXIII.

Avec Approbation, & Privilége du Roi.

INTRODUCTION.

Notre intention n'eſt point d'indiquer les moyens qu'il faut employer
pour conſtruire un Almanach. L'origine
de ce genre d'ouvrage eſt peu intéreſ-
ſante. Tout le monde ſait qu'elle nous
vient d'Égypte, & que ce ſont les
époques des débordemens du Nil qui
lui ont donné lieu. L'étimologie du
mot ne nous occupera pas davantage,
& nous y inſiſterons d'autant moins,
que les Grammairiens ne ſont point
d'accord à ce ſujet; les uns le font venir
de la particule arabe *Al*, & de *manach*,
compte. Les autres, du nombre deſ-
quels eſt Scaliger, le dérivent de cette
même particule *al*, & du mot grec
μαγακις le cours du mois. Gallus dit
que, comme c'eſt l'uſage dans tout l'O-
rient que les Sujets faſſent des préſens
au Souverain, le premier jour de l'année, les Aſtronomes ont cru devoir
nommer les Éphémérides pour l'année
commençante, *Almanha*, qui ſignifie,

a iij

en langue afiatique, *Étrennes*, ou pré-
fens de la nouvelle année. Verftigan,
écrit *almon-ac*, qui veut dire en vieux
Saxon ou en vieux Anglois, *contenant
toutes les lunes*. Au furplus, que nous
importent toutes ces différentes défini-
tions ? Contentons-nous d'obferver que
nos Almanachs modernes répondent
à ce que les anciens Romains appel-
loient *Faftes*. Dans les premiers temps,
l'Aftrologie judiciaire y jouoit un grand
rôle. On ne formoit cet ouvrage qu'au
moyen des horofcopes & des prédictions. Bientôt l'abus en fut fi grand que
le Roi de France, Henri III, par une
Ordonnance de l'an 1579, fut obligé
de défendre, fous des peines très-graves,
« à tous Faifeurs d'Almanachs, d'avoir
» la témérité de faire des prédictions
» fur les affaires civiles ou de l'État,
» ou des particulieres, foit en termes
» exprès, foit en termes couverts. »
Notre fiécle eft trop éclairé pour avoir
befoin qu'une telle défenfe foit réitérée,
& quoique nous voyons encore quelques Almanachs remplis de femblables
miferes, à peine le plus bas peuple y
ajoute-t-il quelque foi.

La plupart des Almanachs d'aujour-
d'hui renferment un simple calendrier
des jours & des fêtes de l'année. Mais
à la suite, on y trouve une infinité de
détails souvent utiles, néceſſaires & qui
plus communément encore, n'ont d'autre objet que l'amuſement? Ce ſont
ces détails qui font la matiere de l'ouvrage que nous préſentons & que
nous rendrons le plus agréable qu'il nous
ſera poſſible. Nous parcourrons tous les
Almanachs que nous pourrons trouver;
nous les raſſemblerons même avec ſoin.
Anciens, nouveaux, bons ou mauvais,
nous les diſtinguerons par leur titre;
nous les analyſerons, quand ils ſeront
ſuſceptibles de l'être; nous rapporterons
les pieces qui pourront mériter quelque
attention ou cauſer quelque plaiſir. Souvent l'anémone, la roſe, toute brillante
qu'elle eſt, ſe trouvent au milieu des
chardons, & en ſeroient étouffées ſi
on ne les en dégageoit avec ſoin.

Tel eſt en deux mots notre but:
c'eſt de ſaiſir & de faire connoître, d'une
part, une nouvelle branche de Littérature, qui peut avoir ſes avantages, &

de l'autre d'arrêter les progrès du mauvais goût. Sans parler de l'*Almanach des Muses*, que les meilleurs Écrivains du Siécle ne dédaignent point, des *Étrennes d'Apollon*, qui nous offrent des pieces agréables & un extrait sage & raisonné des ouvrages qui ont paru dans l'année précédente, de l'*Almanach des Théâtres*, des *Étrennes Lyriques*, de l'*Almanach chantant* ou *Étrennes aux jolies voix*; il en est une infinité d'autres que nous pourrions citer ici, & qui semblent se disputer les suffrages du Public. Combien de détails charmans n'avons nous pas pour les Sciences, le Commerce, les Arts, l'Histoire, la Fable, la Géographie ? &c. Ce sont de petites mignatures qui nous donnent l'idée de la chose, & qui, pour bien des personnes, peuvent suffire. Car pour connoître une Science, s'il falloit parcourir les Recueils volumineux qu'elle comporte, qui ne seroit point interdit, arrêté, surtout s'il ne s'agissoit point d'en faire profession ?

On trouve, dans certains Almanachs, des élémens bien faits & que souvent l'Auteur avoit composés pour son instruction particuliere. Le peu d'étendue de l'ouvrage ne lui auroit pas permis de l'imprimer ; mais, grace à la forme des Almanachs, nous sommes possesseurs d'une partie souvent précieuse de son travail. Une personne intelligente & pour l'ordinaire économe sait mettre tout à profit. Elle regarde les Almanachs comme autant de petits Répertoires dont elle peut faire usage dans l'occasion.

Passons à la partie de pur agrément. La multiplicité des titres seule est dans le cas de plaire. Le Philosophe même peut s'en amuser. Toute frivole qu'est cette matiere, il ne la dédaignera pas, s'il veut considerer les différens ressorts de l'esprit humain, sa variété, ses écarts & sous combien de formes il peut se reproduire. L'homme léger rencontrera de quoi satisfaire son goût : semblable au papillon, il voltigera sur un parterre émaillé de fleurs, & il recueillera le suc de celles qui lui seront le plus analogues.

L'*Esprit des Almanachs* que nous

préfentons au Public, a été fait fous cette perfpective. Notre objet eft d'apprécier tous les petits ouvrages qui ont paru en ce genre; & nous ne fommes pas à la fin: Tous les fix mois, nous nous propofons de donner un volume, fi celui-ci a le bonheur d'être acceuilli. Nous tâcherons de profiter des avis dont on voudra nous honorer. Nous ferons tous nos efforts pour donner à notre collection tout l'intérêt qui dépendra de nous. Si aux agrémens du ftyle, nous avons fu joindre un peu de goût & de faine critique, c'eft au Public éclairé à en juger. Nous aurons eu du moins la douce fatisfaction de tenter la carriere, & nous prenons acte de notre bonne volonté. Nous n'épargnerons d'ailleurs, ni foins, ni peines, ni dépenfe.

⊰══════════⊱

On nous remettoit les dernieres épreuves de l'Efprit des Almanachs, lorfque le Libraire Bradel nous a fait paffer un exemplaire des *Étrennes Dramatiques*, avec un fupplément, pour l'année 1783, portant pour titre : *Étren-*

les aux Sociétés qui font leur amusement de jouer la Comédie, ou *Catalogue raisonné & instructif de toutes les Tragédies, Comédies des Théâtres François & Italien, actes d'Opéra, Opéra-comiques, pieces à ariettes & Proverbes, qui peuvent facilement se représenter sur les Théâtres particuliers.* A Bruxelles, & se trouvent à Paris, chez *Bradel*, Libraire, rue du Théâtre François, & à l'Arsenal, Cour des Célestins.

Nous avons lu ces Étrennes avec plaisir, & nous avons cru ne pouvoir mieux faire que d'en placer l'extrait à la tête de notre ouvrage. Elles sont faites avec goût & avec une intelligence digne d'un Amateur qui fait ses délices de jouer la comédie dans son Château, & d'y rassembler une Compagnie nombreuse & choisie.

Le charmant petit ouvrage qu'il vient de donner au Public, égaie l'imagination; il faut le lire pour en sentir tous les agrémens. Cinq ou six lignes analysent une piece, & font connoître tout-à-la-fois le genre des rôles, leur caractere, &c. prenons au hasard dans le Répertoire des Tragédies.

CINNA, de P. Corneille, *le rôle de Livie ôté.*

LES rôles les plus importans & les plus beaux de cette piece, font Augufte, Cinna, Émilie. Ce dernier fur-tout eft un des plus brillans qu'il y ait au théâtre, & ne peut être rendu que par une dame d'un talent diftingué. Le rôle de Maxime n'eft pas agréable à remplir, & les trois confidens font peu de chofe. Il faut fix hommes & deux femmes.

LE COMTE D'ESSEX, de T. Corneille.

Le rôle du Comte eft très-beau. Celui d'Élifabeth a befoin d'une Actrice qui fache nuancer & faire valoir les fentimens & tous les mouvemens rapides qui peuvent déchirer une ame fenfible & fiere. La Ducheffe d'Irton eft toujours bien entre les mains d'une jeune dame dont la voix eft flatteufe, & la figure intéreffante. Le rôle de Salfbury eft bon : celui de Cecile eft on ne peut pas plus défagréable; mais c'eſt une des occaſions où les hommes ſe trouvent dans le cas de montrer leur complaiſance pour les dames. Le rôle du Capitaine des Gardes qui vient arrêter le Comte, exige auſſi de la complaiſance de la part de celui qui s'en charge; mais il n'eſt pas fatiguant, car il n'a que ſix à ſept vers à débiter. En tout, quatre hommes & trois femmes.

HYPERMNESTRE, de M. le Mierre.

Danaus & Lincée ſont les principaux rôles d'hommes. Le premier inſpire l'horreur, & le ſecond intéreſſe. Celui d'Hypermneſtre eſt toujours applaudi. Il y a un coup de théâtre qui exige beaucoup de préciſion & même de l'adreſſe. Cinq hommes & deux femmes.

L'ORPHELIN DE LA CHINE, de Voltaire.

Deux ſuperbes rôles, ceux de Gengis & de Zamti. Celui d'Idamé eſt beau & demande des talens diſtingués. En tout cinq hommes & deux femmes. L'Orphelin, qui ne paroît pas dans la piece, eſt le perſonnage ſur lequel porte tout l'intérêt, & c'eſt le vrai mérite de cette Tragédie. Les Auteurs modernes ne ſe ſervent peut-être pas aſſez de ce reſſort qui, bien employé, eſt capable de produire les plus grands effets.

Paſſons aux Comédies en cinq actes.

LA MÉTROMANIE, de Pyron.

Il n'y a dans cette piece aucun rôle déſagréable ou mauvais ; ce qui fait qu'elle eſt jouée dans toutes les Sociétés. Les principaux en hommes, ſont Damis & Francaleu : celui de Liſette eſt très-beau, & celui de l'Amoureuſe, médiocre. Cinq hommes & deux femmes.

LE PHILOSOPHE MARIÉ, de Deſtouches.

Tous les rôles de cette piece ſont excellens & agréables à jouer. Céliante eſt une très-mauvaiſe folle, mais ſon rôle eſt d'autant plus difficile à rendre. En tout ſix hommes & trois femmes.

Comédies en trois Actes.

Dupuis et Desronais, de M. Collé.

Deux rôles d'hommes très-intéreſ-
ſans, ceux de Dupuis & Deſronais.
Celui de Clénard n'eſt point déſagréable.
Il n'y a qu'un rôle de femme du plus
vif intérêt. Cette piece jouée en Société
ou ſur le Théâtre public, fait un égal
plaiſir. Elle eſt meilleure à la repréſen-
tation qu'à la lecture. Six hommes &
une femme.

L'Amateur parcourt les Comédies
en deux actes & en un acte. Voyons
ce qu'il dit des *Graces* de Saint-Foix.

« Tous les rôles de cette piece ſont
charmans. Les principaux ſont ceux de
l'Amour & d'Euphroſine; en tout, trois
hommes & cinq femmes, ſans compter
les jeux & les ris. Cette piece ſe joue
facilement, lorſqu'on a trouvé une
dame qui veut bien ſe charger du rôle
de l'Amour, & trois jeunes & jolies
perſonnes pour les graces. »

Nous ne finirions pas ſi nous voulions rapporter tous les détails charmans
de notre Amateur, ſur *la Pupille*, de
Fagan, *l'Oracle*, de Saint-Foix, *la*

Serénade, de Regnard, *Zénéide*, de Cahuzac. Paſſons au Théâtre Italien. Voyons ce que le Maître du château dit des Comédies de ce genre.

THÉATRE ITALIEN.

« Ce n'eſt pas dans le ſeul fonds des Comédiens François que les Sociétés qui s'amuſent à jouer la Comédie doivent puiſer. Le Théâtre Italien peut leur fournir d'agréables pieces de Marivaux, de Boiſſy & de quelques autres Auteurs. Il eſt bon cependant d'avertir les dames, qui voudroient ſe charger des grands rôles de ces Comédies, que le dialogue en eſt difficile à retenir & n'admet point de changemens arbitraires. Telle eſt particulierement la proſe ingénieuſe, mais ſouvent obſcure & métaphyſique de Marivaux. On ne peut rien y ſubſtituer ſans l'énerver. Du reſte, dans ces pieces, tous les rôles de femmes ſont brillans. Ils prêtent des graces à l'intelligence, au feu & à la vivacité de l'Actrice ; il y auroit même un très-grand mérite à les bien rendre, puiſque l'on eſt maintenant privé des modeles qui les faiſoient briller ſur la

ſcene. Quels éloges ne devroit-on pas
à une dame qui joueroit avec une forte
de fupériorité les rôles de feue Silvia,
& dans le jeu de laquelle on recon-
noîtroit l'efprit & la fineſſe de cette
célebre Actrice ? Les conſeils des Ama-
teurs qui ont fuivi le théâtre Italien de
ſon temps, n'aideroient pas peu à faire
faifir le vrai caractere de ces rôles,
qui, ainſi que ceux de Lelio, n'ont
point le ton des perſonnages du théâtre
françois. »

L'Amateur cite pluſieurs Comédies
en trois actes & en un acte. Nous
renvoyons à l'ouvrage même, ainſi que
pour ce qui regarde les actes d'Opéra.
Il parle auſſi des Opéra-comiques. Nous
nous reſſouvenons qu'au fortir du college il s'en eſt fort amuſé, & qu'il a
même fourni de fort jolis morceaux à
ce théâtre.

O P É R A - C O M I Q U E.

« Le Vaudeville eſt né parmi nous,
& peut-être nos peres ont-ils du à ce
petit poëme, naïf, plaifant ou fatyrique,
une partie de cette gaieté franche qui

les caractérifoit. Quelques Auteurs du commencement de ce fiécle avoient fi bien fenti les avantages du Vaudeville, qu'ils s'en étoient aidés pour introduire fur la fcene un nouveau genre de pieces, capables d'infpirer la joie, & qui manquoient rarement leur effet. Peut-être avons-nous beaucoup perdu au changement qui a entierement dénaturé ce fpectacle. On ne rentre plus le foir dans les Sociétés, la mémoire meublée des plus jolis vaudevilles, que l'occafion toujours propice faifoit placer à-propos. Les foupers en font fouvent plus froids & plus férieux. Ainfi, du moins en bonne partie, l'on peut attribuer à la chûte du Vaudeville la perte de notre gaieté. Mais comme le mépris pour les petits airs n'eft pas encore général, il fe trouvera fans doute quelques Sociétés qui ne feront pas fâchées de fe délaffer quelquefois de la grande mufique, en chantant nos anciens Vaudevilles. Voici un petit nombre d'Opéra-comiques, qu'elles pourront exécuter. Comme on ne joue prefque plus ces pieces, on n'en peut plus voir les modeles au théâtre Italien, auquel elles appartiennent actuellement. Il y a cependant des jeux de théâtre qu'il est nécessaire d'étudier; mais on les concertera au moyen d'une lecture en commun & de quelques répétitions. Pour jouer les anciens Opéra-comiques, il faut être beaucoup plus Comédien que Chanteur. Le Vaudeville n'exige, pour être bien rendu, ni une grande voix, ni beaucoup de musique; on pourroit même dire qu'il doit être parlé & plus ou moins animé, mais du ton relatif au moment & à la situation de la scene, & au caractere du personnage. C'est ainsi qu'il ne manquoit jamais son effet sur le théâtre de l'Opéra-comique. Il semble que depuis, cette tradition s'est bien affoiblie; on pourroit même dire perdue. Il faut tâcher de retrouver le goût de cette espece de chant dans le sens des paroles mêmes. »

L'Amateur cite un nouveau genre d'amusement; c'est celui des Proverbes. « Les Proverbes, dit-il, sont d'une grande ressource pour les pièces de Société: ce genre a l'avantage de recevoir, suivant les circonstances, toutes les nuances de la nouveauté. M. de Carmontel nous en a tracé quelques tableaux. Il laiſſe la liberté de les étendre ou de les reſſerrer. C'eſt l'occaſion qui décide. Pourvu que l'on conſerve les caracteres ébauchés des perſonnages, on peut en broder le dialogue, ajoûter des ſcenes, des rôles, & ſaiſir tous les à-propos qu'une Société un peu nombreuſe eſt dans le cas de faire naître à chaque inſtant. »

Ces Étrennes renferment auſſi des Anecdotes de Société très-amuſantes. Nous n'avons pu nous empêcher de rire & nous rions encore de celle de M, Gueulette.

Nous avons parcouru avec la plus grande ſatisfaction les jolies chanſons qui terminent cet Almanach. Elles ſont délicates, & font honneur au goût du Maître.

Un petit ſupplément de quatre pages, qui ſe trouve à la fin des Étrennes-Dramatiques, nous a paru mériter une attention particuliere. « Depuis la découverte de ce manuſcrit, ajoute l'Amateur, il s'eſt paſſé pluſieurs années pendant leſquelles différentes nouveau-

tés ont fourni des alimens aux fpec-
tacles de Paris, depuis le fceptre jufqu'à la houlette, c'eft-à-dire depuis le
théâtre national, jufqu'à celui de Jean-
not, &c. »

« Les Comédiens François ont
donné plufieurs Tragédies, dont quelques-unes ont eu des applaudiffemens
fans doute juftement mérités ; mais aucune ne nous paroît fufceptible d'être
jouée en Société. Celles qui ont été
le plus fuivies, font *Ædipe chez Admete*
& *la Veuve du Malabar*. Mais la premiere finit par un coup de tonnerre,
& l'on fait que les tonnerres n'ont
jamais réuffi en Société. Quant à la
feconde, les nombreux grouppes de
Soldats & de Prêtres y jouent un trop
grand rôle, & d'ailleurs il n'y a pas
moyen d'allumer dans une petite falle,
& peut-être en été, un auffi grand feu
que celui convenable pour brûler une
dame des Grandes Indes. Si l'Acteur,
auquel le rôle de M. de la Rive feroit
deftiné, alloit manquer fon enlevement,
la dame du château, & peut-être le
château même courroient rifque d'é-

prouver le fort de la Salle de l'Opéra, &c. »

Nous invitons le Lecteur à lire les articles du supplément qui concernent le théâtre ci-devant Italien, & les spectacles de la Foire & des Boulevards.

JANVIER.

J. de la S.	J. du mois	Noms des Saints.	Remarques.
mer	1	La Circoncifion.	
jeud	2	s. Bafile.	
ven	3	Ste Genevieve.	Nouv. Lun.
fam	4	s. Rigobert.	
Dim	5	s. Siméon.	
lund	6	Les Rois.	BAL.
mar	7	s. Theau.	Nôces.
mer	8	s. Lucien.	
jeud	9	s. Pierre, Ev.	BAL.
ven	10	s. Guillaume.	Premier Q.
fam	11	s. Théodofe.	
Dim	12	s. Paul.	BAL.
lund	13	s. Hilaire.	
mar	14	s. Félix.	
mer	15	s. Maur.	
jeud	16	s. Furcy.	BAL.
ven	17	s. Antoine.	
fam	18	s. Ch. s. Pierre.	Pleine Lune.
Dim	19	s. Sulpice.	BAL.
lund	20	s. Sébaftien.	
mar	21	s. Agnès.	
mer	22	s. Vincent.	
jeud	23	s. Eufebe.	BAL.
ven	24	s. Ildephonfe.	
fam	25	Conv. s. Paul.	
Dim	26	Sainte Paule.	Dernier Q. BAL.
lund	27	s. Julien.	
mar	28	s. Charlemag.	
mer	29	s. Franç. de Sal.	
jeud	30	ste Bathilde.	BAL.
ven	31	s. Pierre No	

FÉVRIER.

J. de la S.	J. du mois	Noms des Saints.	Remarques.
fam	1	s. Ignace.	Fo. S.-Germ. *N. L.*
Dim	2	*Purification.*	Concert fpirituel.
lund	3	s. Blaife.	
mar	4	s. Gilbert.	
mer	5	s. Agathe.	
jeud	6	s. Vaaſt, Ev.	*B A L.*
ven	7	s. Romuald.	
fam	8	s. Jean de M.	
Dim	9	ste Appoline.	*Prem. Q. B A L*
lund	10	ste Scolaſtique.	
mar	11	s. Severin.	
mer	12	ste Eulalie.	
jeud	13	*Cendres.*	*B A L.*
ven	14	s. Valentin.	
fam	15	s. Fauſtin.	
Dim	16	ste Julienne.	*Septuagéfime. B A L.*
lund	17	ste Marianne.	*Pleine Lune.*
mar	18	s. Siméon.	
mer	19	s. Laumer.	
jeud	20	s. Eucher.	*B A L.*
ven	21	s. Merault.	
fam	22	ste Ifabelle.	
Dim	23	s. Humbert.	*Sexagéfime. B A L*
lund	24	s. Matthias.	*D. Q. de la Lune.*
mar	25	ste Taraife.	
mer	26	s. Alexandre.	
jeud	27	ste Honorine.	*B A L.*
ven	28	s. Romain.	

MARS.

J. de la S.	J. du mois	Noms des Saints.	Remarqués.
ſam	1	s. Aubin.	
Dim	2	s. Simplice.	Quinquagéſ. BAL.
lund	3	Pl. de N. S.	BAL l. & m. N. L.
mar	4	s. Caſimir.	Mardi gras.
mer	5	Cendres.	
jeud	6	ste Colette.	
ven	7	ste Perpetue.	
ſam	8	s. Jean de D.	
Dim	9	ste Françoiſe.	Quadragéſime.
lund	10	s. Droctovée.	
mar	11	les 40 Martyrs.	Premier Quartier.
mer	12	s. Grégoire.	Quatre Temps.
jeud	13	ste Euphraſie.	
ven	14	s. Lubin.	
ſam	15	s. Longin.	
Dim	16	s. Syriaque.	Reminiſcere.
lund	17	ste Gertrude	
mar	18	s. Cyrille, Ev.	Pleine Lune.
mer	19	s. Joſeph.	
jeud	20	s. Joachim.	LE PRINTEMPS.
ven	21	s. Benoît.	
ſam	22	s. Paul, Ev.	
Dim	23	s. Euſebe.	Oculi.
lund	24	ste Cather. de S.	
mar	25	Annonciation.	D. Q. de la Lune.
mer	26	s. Ludger.	
jeud	27	s. Gontran.	
ven	28	s. Rupert.	
ſam	29	s. Euſtaſe.	
Dim	30	s. Rieul, Ev.	Lœtare.
lund	31	s. Anſelme.	

AVRIL.

J. de la S.	J. du mois	Noms des Saints.	Remarques.
mar	1	s. Hugues.	*Nouvelle Lune.*
mer	2	s. Franç. de P.	
jeud	3	s. Richard.	
ven	4	s. Ambroise.	
sam	5	s. Vincent F.	
Dim	6	N. D. de P.	*La Passion.*
lund	7	s. Procope.	
mar	8	s. Hégélippe.	
mer	9	s. Gaudebert.	*Premier Quartier.*
jeud	10	s. Macaire.	
ven	11	s. Leon P.	
sam	12	s. Florentin.	
Dim	13	s. Marcellin.	*Pâques fleuri. C. spi.*
lund	14	s. Tiburce.	toute la Semaine.
mar	15	s. Paterne.	Foire, Parvis N. D.
mer	16	s. Fructuaire.	} *Pleine Lune.*
jeud	17	s. Anicet.	Longchamp.
ven	18	s. Parfait.	
sam	19	s. Timon.	Motet à gr. c. N. D.
Dim	20	*PASQUES.*	
lund	21	ste Opportune.	Concert spirituel.
mar	22	Invent. S. D.	Concert spirituel.
mer	23	s. Georges, M.	
jeud	24	ste Belive.	*D. Q. de la Lune.*
ven	25	s. Marc.	*Abstinence.*
sam	26	s. Policarpe.	
Dim	27	*Quasimodo.*	Concert spirituel.
lund	28	s. Vital, M.	
mar	29	ste Marie Eg.	
mer	30	s. Eutrope.	

M A I.

J. de la S.	J. du mois	Noms des Saints.	Remarques.
jeud	1	s. Jacq. s. Phil.	*Nouvelle Lune.*
ven	2	s. Athanase.	
fam	3	Inv. de ste Cro.	
2 D	4	ste Monique.	
lund	5	s. Pie V , Pape.	
mar	6	s. Jean P. L.	
mer	7	s. Auguste.	
jeud	8	s. Stanislas.	
ven	9	s. Grégoire.	*Premier Quartier.*
fam	10	ste Soulange.	
3 D	11	s. Mamert.	
lund	12	s. Epiphane.	
mar	13	s. Servais.	
mer	14	s. Pacôme.	
jeud	15	s. Isidore.	
ven	16	s. Honoré.	*Pleine Lune.*
fam	17	s. Pascal.	
4 D	18	s. Pierre Cel.	
lund	19	s. Yves.	
mar	20	s. Bernardin.	
mer	21	ste Julie.	
jeud	22	s. Antonin.	
ven	23	s. Didier.	*D. Q. de la Lune.*
fam	24	ste Jeanne.	
5 D	25	s. Urbin.	
lund	26	s. Maxime.	*Rogations.*
mar	27	s. Hildevert.	
mer	28	s. Germain.	
jeud	29	*Ascension.*	
ven	30	s. Gontran.	
fam	31	ste Pétronille.	*Nouvelle Lune.*

JUIN.

J. de la S.	J. du mois	Noms des Saints.	Remarques.
6 D	1	s. Pamphile.	
lund	2	s. Pothin.	
mar	3	ste Clotilde.	
mer	4	s. Optat.	
jeud	5	s. Boniface.	
ven	6	s. Norbert.	
fam	7	s. Medard.	*Vigile jeûne.*
Dim	8	*Pentecôte.*	Versail. Proc. **P. Q.**
lund	9	s. Gildard.	
mar	10	s. Landri.	
mer	11	s. Barnabé.	*Quatre Temps.*
jeud	12	s. Basilide.	
ven	13	s. Antoin. de P.	
fam	14	s. Rufin.	
1 D	15	*La Triniité.*	Pleine Lune.
lund	16	s. Gui.	Le Landi.
mar	17	s. Cyr.	
mer	18	s. Avit.	
jeud	19	*Fête-Dieu.*	Processions.
ven	20	ste Marine.	
fam	21	s. Gerv. s. Pro.	**D. Q. L'ÉTÉ.**
2 D	22	s. Silvere.	
lund	23	s. Paulin, Ev.	*Vigile & jeûne.*
mar	24	N. S. Jean B.	
mer	25	Tr. s. Eloi.	
jeud	26	*Oct. Fête-Dieu.*	Les Gobelins, tapiſ.
ven	27	s. Irénée.	
fam	28	s. Maixent.	*Vigile & jeûne.*
3 D	29	s Pier. s. Paul.	*Nouvelle Lune.*
lund	30	Com. de s. P.	Montreuil fous bois.

JUILLET.

J. de la S.	J. du mois	Noms des Saints.	Remarques.
mar	1	s. Martial.	
mer	2	Vif. N. D.	
jeud	3	s. Anatole.	
ven	4	Tr. s. Martin.	
fam	5	s. Valere.	
4 D	6	s. Tranquillin.	
lund	7	ste Aubierge.	Premier Quartier.
mar	8	s. Thibault.	
mer	9	s. Cyrille.	
jeud	10	les fept Freres.	
ven	11	Tr. s. Benoît.	
fam	12	s. Menou.	
5 D	13	s. Turial.	
lund	14	s. Bonaventur.	Pleine Lune.
mar	15	s. Henri.	
mer	16	N. D. du Car.	
jeud	17	s. Spérat.	
ven	18	s: Claire.	Foire S. Clair.
fam	19	s. Vincent de P.	
6 D	20	ste Marguerite.	
lund	21	s. Victor.	D. Q. de la Lune.
mar	22	ste Madeleine.	
mer	23	s. Apollinaire.	
jend	24	ste Chriftine.	Jours Caniculaires.
ven	25	s. Jacq. s. Ch.	Foire S. Laurent.
fam	26	Tr. s. Marcel.	
7 D	27	s. Pantaléon.	
lund	28	ste Anne.	
mar	29	ste Marthe.	Nouvelle Lune.
mer	30	s. Ours.	
jeud	31	s. Germ. Aux.	

AOUST.

J. de la S.	J. du mois	Noms des Saints.	Remarques.
ven	1	s. Pier. ès L.	
fam	2	s. Etienne, P.	
8 D	3	Inv. de s. Et.	
lund	4	s. Dominique.	
mar	5	s. Yon.	
mer	6	Transfig. N. S.	Premier Quartier.
jeud	7	s. Gaetan.	
ven	8	s. Juftin.	
fam	9	s. Domitien.	
9 D	10	s. Laurent.	
lund	11	Suf. d. l. ste co.	
mar	12	ste Claire.	Pleine Lune.
mer	13	Suf. d. l. ste Cr.	
jeud	14	s. Alex. le Ch.	Vigile & jeune.
ven	15	Affompt. N. D.	Pr. N. D. Con. fpt.
fam	16	s. Roch.	
10 D	17	s. Mamniès.	
lund	18	ste Helene.	Vincennes.
mar	19	s. Louis, Ev.	Dernier Quarti.
mer	20	s. Bernard.	
jeud	21	s. Sidoine.	
ven	22	s. Symphorien.	
fam	23	s. Timothée.	
11 D	24	s. Barthelemi.	
lund	25	s. Louis.	L'Académie Franç.
mar	26	s. Ouen.	Fin des jours Can.
mer	27	s. Céfaire.	Nouvelle Lune.
jeud	28	s. Auguftin.	
ven	29	s. Mederic.	
fam	30	s. Fiacre.	
12 D	31	s. Ovide.	Foire de Bezons.

SEPTEMBRE.

J. de la S.	J. du mois	Noms des Saints.	Remarques.
lund	1	s. Leu, s. Gille.	
mar	2	s. Lazare.	
mer	3	s. Grég. le Gr.	
jeud	4	ste Rosalie.	Premier Quartier.
ven	5	s Victorin.	
sam	6	s. Eleuthere.	
13 D	7	s. Cloud.	Fête à Saint-Cloud.
lund	8	Nativité N. D.	Concert spirituel.
mar	9	s. Omer.	
mer	10	s. Nicolas Tol.	
jeud	11	s. Hyacinthe.	Pleine Lune.
ven	12	s. Raphael.	
sam	13	s. Maurille.	
14 D	14	Ex. ste Croix.	
lund	15	s. Nicomede.	
mar	16	s. Cyprien.	
mer	17	s. Lambert.	Quatre Temps.
jeud	18	s. J. Chrysof.	Dernier Quartier.
ven	19	s. Janvier.	
sam	20	s. Euftache.	
15 D	21	s. Matthieu.	
lund	22	s. Maurice.	
mar	23	ste Thecle.	L'AUTOMNE.
mer	24	s. Gabriel.	
jeud	25	s. Firmin.	
ven	26	ste Juftine.	Nouvelle Lune.
sam	27	s. Com. s. D.	
16 D	28	s. Ceran.	
lund	29	s. Michel.	
mar	30	s. Jérôme.	

OCTOBRE.

J. de la S.	J. du mois	Noms des Saints.	Remarques.
mer	1	s. Remi.	
jeud	2	ss. Anges Gar.	
ven	3	s. Denis l'Ar.	Premier Quartier.
sam	4	François d'Af.	
17D	5	ste Aure, Vier.	
lund	6	s. Bruno.	
mar	7	ste Julie.	
mer	8	ste Pelagie.	
jeud	9	s. Denis.	Foire S.-Denis.
ven	10	ste Telchide.	Pleine Lune.
sam	11	s. Venant.	
18D	12	s. Vilfrid.	
lund	13	s. Geraud.	
mar	14	s. Calliste.	
mer	15	ste Thérese.	
jeud	16	s. Gal.	
ven	17	s. Cerbonei.	
sam	18	s. Luc Evang.	Dernier Quartier.
19D	19	s. Savinien.	
lund	20	s. Caprais.	
mar	21	ste Ursule.	
mer	22	s. Mellon.	
jeud	23	s. Hilarion.	
ven	24	s. Magloire.	
sam	25	s. Crep. s. Crep.	
20D	26	s. Rustique.	Nouvelle Lune.
lund	27	s. Foulque.	
mar	28	s. Simon, s. Ju.	
mer	29	s. Narcisse.	
jeud	30	s. Lucain.	
ven	31	s. Quentin.	Vigile & jeûne.

NOVEMBRE.

J. de la S.	J. du mois	Noms des Saints.	Remarques.
ſam	1	Touſſaints.	Premier Quartier.
21 D	2	Les Trepaſſés.	
lund	3	s. Marcel.	
mar	4	s. Ch. Borrom.	
mer	5	ste Bertille.	
jeud	6	s. Leonard.	
ven	7	s. Baudin.	
ſam	8	stes Reliques.	
22 D	9	s. Mathurin.	Pleine Lune. B A L.
lund	10	s. Leon.	
mar	11	s. Martin.	
mer	12	s. René.	Meſſe Rouge.
jeud	13	s. Brice.	
ven	14	s. Laurent.	
ſam	15	s. Malo.	
23 D	16	s. Edme.	B A L.
lund	17	s. Aignan.	Dern. Quart.
mar	18	s. Mande.	
mer	19	ste Eliſabeth.	
jeud	20	s. Edmond.	
ven	21	Préſ. N. D.	
ſam	22	ste Cécile.	
24 D	23	s. Clément.	B A L.
lund	24	s. Severin, S.	Nouvelle Lune.
mar	25	ste Catherine.	
mer	26	ste Gen. d. Ar.	
jeud	27	s. Vital.	
ven	28	s. Saturnin.	
ſam	29	s. Paſcal.	
D	30	s. André.	Avent.

DÉCEMBRE. 

J. de la S.	J. du mois	Noms des Saints	Remarques.
lund	1	s. Eloi.	Premier Quartier.
mar	2	s. Franç. Xav.	
mer	3	s. Fulgence.	
jeud	4	ste Barbe.	
ven	5	s. Sabas.	
sam	6	s. Nicolas.	
2 D	7	ste Fare.	
lund	8	*Concept. N.D.*	Concert spirituel.
mar	9	ste Gorgone.	*Pleine Lune.*
mer	10	ste Valere.	
jeud	11	s. Damase.	
ven	12	s. Valery.	
sam	13	ste Luce.	
3 D	14	s. Nicaise.	
lund	15	s. Memin.	
mar	16	ste Adélaide.	
mer	17	ste Olimpiade.	D. Q. Quatre Temps
jeud	18	s. Gatien.	
ven	19	s. Timoleon.	
sam	20	s. Liberat.	
4 D	21	s. Thomas, Ap.	*L'HIVER.*
lund	22	s. Félix , Pape.	
mar	23	ste Victoire.	
mer	24	s. Ermine.	Vigile & jeune. N. L.
jeud	25	*NOEL.*	Concert spirituel.
ven	26	s. Etienne.	
sam	27	*s. Jean Ev.*	
Dim	28	ss. Innocens.	
lund	29	s. Thomas Can.	
mar	30	ste Colombe.	
mer	31	s. Sylvestre.	Le Palais.

L'ESPRIT

DES

ALMANACHS,

ANALYSE

CRITIQUE ET CURIEUSE

De tous ceux qui ont paru jusqu'à ce jour.

ALMANACH D'AMUSEMENS RÉCRÉATIFS :
Etrennes énigmatiques & lyriques, suivies de
quelques Logogryphes chantans, & autres.

Une Belle est souvent une énigme elle-même,
Qu'on ne devine point qu'elle ne dise, j'aime.

A Plaisance , & à Paris , chez *Cailleau*,
Lib. *rue S. Severin,*

LE titre doit suffire ; & nous ne conseillons
pas de lire en entier l'*Almanach d'Amusemens
récréatifs :* autrement on s'égareroit dans un

A

labyrinthe d'énigmes très-médiocres & sans aucun sel. S'il a fallu de la patience pour faire un tel Ouvrage, on est persuadé qu'il en faudroit encore une plus grande pour en supporter la lecture.

***

L'Amant Chansonnier, Etrennes galantes, par M. Déduit, à Corimanthie ; & se trouve à Paris, chez la veuve *Duchesne*, au Temple du Goût.

Le titre de ces Etrennes semble annoncer de beaux jardins, des parterres agréables, &c. mais on y chercheroit envain des fleurs. Voici comme débute M. Déduit, & c'est par ce qu'il a de meilleur.

Presque Préface.

Air : *du Prévôt des Marchands.*

Vous qui desirez des chansons,
En voilà de bien des façons,
Des raisonnables, des gentilles,
De tous les goûts, sur tous les tons :
Amusez-vous en, jeunes Filles ;
Profitez-en, jeunes Garçons.

Nous avons beau chercher, nous ne trouvons aucun morceau qui puisse fixer l'attention. Le couplet suivant est à peu près tout ce que nous pouvons citer.

AIR : *Philis demande son Portrait.*

LES maux que l'Amour fait souffrir,
Sont une triste image.
Il faut aimer pour le sentir ;
Mais quel pénible ouvrage !
Un Berger présente ses vœux,
Sans être sûr de plaire :
L'Amour est un enfant des Dieux,
Engendré par colere.

TEL qu'il est, l'*Amant Chansonnier* n'est pas sans mérite ; & nous ne lui ferons pas l'injustice de le comparer à cette foule de mauvais Almanachs du *Petit-Pont*, qui des-honorent la Capitale.

ALMANACH DES COLONIES. A Paris, chez *d'Houry*, rue Haute-Feuille, au coin de la rue des deux Portes.

CET Almanach renferme un état des Colonies pour l'année 1782, imprimé d'ordre de M. le Marquis de Castries, Ministre & Secrétaire d'Etat au département de la Marine.

Il contient les noms des principaux Officiers du Gouvernement Militaire & Civil de S. Domingue, de la Martinique, la Dominique, S. Vincent, la Grenade, Tabago, la

Guadeloupe, la Guyanne Françoise, le Sénégal, comptoir de Juida, Isle de France, isle de Bourbon, Madagascar, Canton & Consuls de France.

Ces objets peuvent être intéressans pour ceux qui ont affaire dans les Colonies. Au moins pourront-ils savoir à qui s'adresser.

⫷═══════════⫸

ALMANACH ÉDIFIANT, ou nouvelles Vies des Saints, à l'usage des jeunes personnes de l'un & de l'autre sexe. A Paris, chez *Hardouin*, Libraire, rue des Prêtres S. Germain-l'Auxerrois.

CETTE nouvelle Légende est fort bien faite. Elle fait honneur à l'homme de Lettres qui a bien voulu s'en occuper. Une tournure aisée, des réflexions solides, un style noble & rapide ; voilà ce qui nous a paru caractériser l'Almanach édifiant que nous annonçons, & dont l'Auteur est M. DELACROIX. Nous allons citer au hasard quelques morceaux, qui donneront à coup sûr une idée favorable de l'Ouvrage.

15 Février.

SS. FAUSTIN ET JOVITE, freres, martyrs. Les liens du sang perdent ordinairement beaucoup de leur force par le commerce du monde, qui fait naître, & multiplie d'autres liens. La

Religion au contraire les resserre , parce qu'elle est ennemie de l'intérêt personnel , & qu'elle rapporte tout à Dieu. Faustin & Jovite , nés de parens vertueux dans la ville de Bresse en Italie , suivirent ensemble la carriere du salut & de la pénitence , qui n'admet ni rivalité ni jalousie; & conséquemment rien ne put altérer la tendresse naturelle qui les unissoit dès le berceau. Les mêmes goûts , les mêmes exercices de piété , la même charité pour les pauvres , le même amour de Dieu les rapprochoit sans cesse ; & lorsque la persécution contre les Chrétiens vint à éclater sous l'empire d'Adrien , le même desir du martyre les empêcha de se soustraire aux recherches des Idolâtres. L'Empereur , au tribunal duquel on les présenta , voulut les engager à sacrifier au *Soleil* , & sur leur refus , il les condamna à être dévorés par les bêtes. On lâcha contre eux quatre lions affamés & furieux , qui ne leur firent aucun mal , & l'on fut obligé de les faire périr par l'épée l'an 121.

30 *Avril.*

S. EUTROPE , Evêque & Martyr. Il est plus d'un endroit en France , que la dévotion des peuples pour S. Eutrope a rendu célébre. J'en connois un près de Lagny en Brie , où le Curé mourroit presque de faim , dans une riche Seigneurie de Moines mendians , si les offrandes des gens de la campagne , qui vont

en pélerinage à S. Eutrope, n'adoucissoient
de temps en temps le fort de ce malheureux
Pasteur *. Suivant la commune opinion ,
Eutrope fut élevé à l'Episcopat par S. Clement , Disciple des Apôtres , &c.

4 Mai.

Sainte Monique, mere de S. Augustin.
La plupart des personnes du sexe regardent
le matiage comme un état d'indépendance &
d'affranchissement de certains devoirs pénibles ; & ce précepte de S. Paul, *Femmes ,
soyez soumises à vos maris*, leur paroît susceptible de grandes interprétations. Voyons
comment sainte Monique pensoit, & se comportoit sur cet article. Quoique chrétienne
& bien éduquée, on la maria fort jeune avec
un Payen, homme brutal & colere, bourgeois de la ville de Tagaste en Afrique. Mais
la douceur de notre Sainte, ses ménagemens,
ses prévenances lui firent en quelque sorte
cucillir des roses, où d'autres n'auroient
trouvé que des épines. Quand quelques femmes , suivant l'usage, venoient se plaindre
à elle des mauvais traitemens de leurs maris , prenez-vous-en à votre langue , leur
disoit-elle ; & songez que la soumission est le

* Le Curé de Chanteloup, petite Paroisse dans
le domaine des Freres de la Charité. Il erre le jour
dans les bois, & la nuit il couche dans la Sacristie
de son Eglise, faute de Presbytere.

premier de vos devoirs. Elle donna tous ses soins à l'éducation de ses enfans ; mais les égaremens d'Augustin, son aîné, lui causerent bien des chagrins. Ses prieres constantes & ses pleurs obtinrent enfin sa conversion ; & n'ayant plus rien à desirer sur la terre, elle alla recevoir au ciel la récompense de ses vertus, en 388.

2 Septembre.

S. LAZARE, ressuscité par N. S. Ce miracle est la pierre d'achoppement, contre laquelle viennent se briser tous les raisonnemens des Incrédules. Lazare, frere de Marthe & de Marie, étoit dans le tombeau depuis trois jours. Lazare sentoit déjà mauvais, le seul signe de mort qui soit infaillible. Lazare, sortez dehors, lui cria Jesus-Christ, & aussitôt il sortit du sépulcre plein de vie & de santé, en présence d'une grande multitude de Juifs. Ce que cet illustre ressuscité devint dans la suite, c'est ce que l'on ignore absolument, bien que les Provençaux le fassent voyager chez eux avec la Madeleine.

25 Octobre.

SS. CRESPIN ET CRÉPINIEN, freres, martyrs à Soissons. Au nombre des illustres Missionnaires, qui vinrent de Rome au IIIᵉ. siecle pour soumettre les Gaules au joug de l'Evangile, & à la tête desquels étoit saint Denis : on compte S. Crespin & S. Crépinien, qui choisirent la ville de Soissons pour le théâtre de leurs travaux apostoliques. Dans ces temps de ferveur & de foi, le travail des mains ne deshonoroit point les serviteurs d'un Dieu mort dans les opprobres. La crainte d'être à charge aux peuples leur faisoit exercer avec joie les professions même les plus communes. Crespin & Crépinien embrasserent celle de Cordonnier, & la firent servir à gagner une infinité d'ames à Dieu. Sur ces entrefaites, l'Empereur Maximien Hercule vint à Soissons. On lui dénonça nos deux Saints, comme ennemis de la Religion de l'Empire. Après les avoir interrogés, il les renvoya devant Rictiovare, Préfet des Gaules, qui mit en usage les tortures les plus cruelles pour vaincre leur constance, & qui leur fit enfin couper la tête, l'an 287.

Almanach encyclopédique de l'Histoire de France, où les principaux événemens de notre Histoire se trouvent rangés suivant leurs dates, sous chacun des jours de l'année. A Paris, chez *Mequignon* le jeune, Libraire, au Palais-Marchand, Perron S. Barthelemi.

Cet Ouvrage est encore de M. Delacroix. Nous sommes fâchés de n'y point trouver son nom. Un pareil Almanach ne doit pas être confondu avec les autres. Il mérite une attention particuliere : rien de ce qui regarde notre Histoire ne doit paroître indifférent. Il n'est personne qui ne soit flatté de trouver dans le même volume l'institution de tous les Parlemens de France, celle de la plupart des Communautés, Colleges, Hôpitaux, Maisons Religieuses de la Capitale, la fondation des Monumens qui font le plus d'honneur à la Nation, tels que le Louvre, les Invalides, l'Ecole Militaire, la Sorbonne, le Val-de-Grace, les Halles, les Boulevards, les Places, les Ponts, les Quais, &c. les Evénemens remarquables, comme les incendies, les inondations, les Fêtes, les Cérémonies publiques, les Sieges, les Batailles, les Loix, les Ordonnances, le Tableau chronologique des Rois de France, & un Abregé de notre Histoire, divisé par époques jusqu'à nos jours.

L'idée de ranger par date de chaque jour les évenemens remarquables de l'Histoire de France, n'est pas nouvelle. Mais chaque Auteur a sa façon de voir & de faire. L'Almanach dont il s'agit a d'autant plus de mérite, que tous les faits y font bien écrits & rapportés avec l'exactitude la plus scrupuleuse. On y voit le bon goût & le discernement de l'Auteur ; on le reconnoît à sa précision, à sa clarté. Il n'est pas difficile de s'appercevoir qu'il n'a pas achevé le Précis historique qu'on trouve à la fin du Volume, & qu'une main

étrangere a ajouté les dernieres époques aux
quatre premieres qu'il avoit esquissées. La
différence est des plus sensibles. Dans ces
quatre premieres époques de l'Histoire de
France, l'Auteur combat avec la plus grande
force, & foudroie le Gouvernement féodal,
ce pouvoir usurpé par la Noblesse & le Clergé,
dont l'origine remonte à celle de la Monarchie, & qui n'a fini que sous le Ministere &
par les soins du Cardinal de Richelieu. Nous
avons lieu d'espérer que la même Plume nous
donnera à part cet Ouvrage complet, qui
deviendra précieux pour l'Histoire de France.
En attendant nous allons parcourir les dernieres époques, à commencer par la cinquieme.

Sous François premier, en 1525, les François commencerent à former des établisse-
mens en Amérique ; & dans le même temps
Jacques Cartier découvrit le Canada. La
protection que ce Prince accorda aux Arts,
lui mérita le surnom de *Grand* & de *Pere des
Lettres*. Son regne est l'époque de plusieurs
révolutions dans l'esprit & dans les mœurs
de la Nation. Sa Cour fut une Ecole de ga-
lanterie & de politesse. Il fonda le College
Royal, forma une Bibliotheque volumineuse,
& récompensa les talens en Roi.

Henri II. protégea aussi les Lettres : mais il
n'arrêta pas la licence de ceux qui les culti-
voient. On vit les plus beaux esprits du siecle
chercher à se signaler, plutôt par des Poésies

laſcives, que par des Ouvrages ſolides. Les regnes de François II & de Charles IX s'écoulerent dans les troubles des guerres. Ce fut ſous ce dernier que ſe paſſa la S. Barthelemi. Charles IX ne ſurvécut pas long-temps à cette barbarie. Il mourut en 1574, à l'âge de 24 ans, ſe repentant d'avoir regné, & plus encore d'avoir laiſſé regner des bourreaux ſous ſon nom.

Henri III, ſon frere, lui ſuccéda. Ce Prince parut digne du Trône, tant qu'il n'y monta point. Son caractere fut un mélange inconcevable de grandeur d'ame & de petiteſſe d'eſprit, de vigueur & de molleſſe, d'activité & d'indolence, de libertinage & de ſuperſtition. Avec lui périt la branche des Valois, qui avoit regné 261 ans.

Henri de Bourbon, Roi de Navarre, lui ſuccéda. Les Ligueurs & leurs Chefs firent de vains efforts pour arracher la couronne à un Prince ſi digne de la porter. Avec peu d'amis, point d'argent, peu de places importantes, une foible armée, le nouveau Roi, Henri IV ſubjugua tout; & vainqueur de ſes propres ſujets, il en devint le pere. Tout étoit tranquille au-dedans & au-dehors du Royaume, lorſque, le 14 Mai 1610, un monſtre furieux & fanatique, nommé *Ravaillac*, le poignarda dans la rue de la Ferronerie.

Louis XIII, fils aîné d'Henri IV, monta ſur le Trône, n'ayant que 9 ans. La Reine Marie de Medecis, ſa mere, fut déclarée

Régente. Cette Princesse donna toute sa confiance au Maréchal d'Ancre, Italien, tiré de la boue, qui devint l'exécration publique, & dont le Roi ordonna la mort. La Régente fut reléguée à Blois; & bientôt après rappellée par le moyen de l'Evêque de Luçon, si connu & si craint depuis, sous le nom de Cardinal de Richelieu. Le Ministre expira le 4 Décembre 1642, & le Roi, le 14 Mai de l'année suivante. Louis XIII, fils & pere de deux de nos plus grands Rois, avoit affermi le Trône de Henri IV, & prépara les merveilles du regne de Louis XIV.

Louis XIV n'étoit encore âgé que de cinq ans, lorsqu'il commença à regner sous la tutelle d'Anne d'Autriche, sa mere. Cette Princesse déclare Ministre le Cardinal Mazarin, qui se montre digne d'un tel choix. Les commencemens de la Régence sont illustrés par les victoires de Rocroi, de Fribourg, de Norlingue & de Lens, remportées sur les Espagnols & leurs Alliés par le Duc d'Enguien, âgé de vingt ans, & si célebre depuis par le nom de Grand Condé. Turenne, le Grand Turenne reçoit le bâton de Maréchal de France, & déploie tous les talens d'un habile Général. Une foule de Capitaines du plus grand mérite, qui signalent leur valeur, en rivalité de ces deux hommes immortels, présagent à la France & ses triomphes & sa gloire, sous la domination du nouveau Monarque.

Le Ministre Mazarin mourut en 1661, & Louis prit les rênes de son empire qu'il avoit négligé jusqu'alors. Tout prend, dès ce moment, une face nouvelle. Le Surintendant Fouquet condamné au bannissement eut pour successeur le Grand Colbert, qui répara tout, & qui créa le Commerce & les Arts. Des Colonies Françoises partirent pour s'établir à Madagascar & à la Cayenne. Les Académies des Sciences, de Peinture, de Sculpture & d'Architecture furent établies. Des Manufactures de Glaces, de Point de France, de Toiles, de Laine & de Tapisseries furent érigées dans tout le Royaume. Le Canal de Languedoc pour la jonction des deux Mers, fut commencé d'après les projets de Riquet. La discipline fut rétablie dans les Troupes, & l'ordre dans la Justice & dans la Police. Louis XIV faisoit à 22 ans ce qu'Henri IV n'avoit pu faire qu'à 50.

En 1667 la mort de Philippe IV, Roi d'Espagne, pere de la Reine, ralluma la guerre. La Flandre Autrichienne & la Franche-Comté furent conquises presque aussitôt qu'attaquées. Tant de succès réveillerent l'Europe. Tous les Etats conjurerent la perte du jeune Conquérant. Mais le Traité d'Aix-la-Chapelle suspendit pour quelques années leurs projets de vengeance. Pendant cette paix, Louis continua à rendre la France formidable & heureuse. Les ports de mer furent remplis de navires & de matelots. L'Hôtel des Invalidcs s'élevoit avec une magnificence vraiment royale ; on jettoit les fondemens de l'Obſervatoire & de différens arcs de triomphe , on bâtiſſoit, on réparoit des Citadelles dans tous les coins du Royaume, & l'on formoit un corps de troupes de quatre cents mille ſoldats.

Louis entreptend la conquête des Pays-Bas en 1672, ayant ſous lui Turenne & Condé. Toutes les Puiſſances voiſines ſe déclarent contre lui : il les brave, & pourvoit à tout. La Franche-Comté, qui avoit été rendue, eſt repriſe. Turenne entre dans le Palatinat ; Schomberg bat les Eſpagnols dans le Rouſſillon ; Condé défait le Prince d'Orange à Senef. Ces proſpérités ne furent troublées que par la mort de Turenne. Sur mer, pareils triomphes. Le Duc de Vivonne, ſecondé par Du Queſne, remporte deux victoires ſur l'Amiral Hollandois Ruiter. D'un autre côté, Louis triomphe en Flandres, & ſubjugue les plus fortes places. Philippe, Duc d'Orléans, frere unique du Roi, gagne ſur le Prince d'Orange la bataille de Caſſel. Le Maréchal de Crequi bat le Prince Charles de Lorraine auprès de Strasbourg ; & l'année ſuivante, pendant que le Roi prend Gand & Ypres, il met les ennemis en déroute. En 1678 Louis XIV termine ſes victoires. Il donne la paix à l'Europe , & reçoit à l'Hôtel-de-Ville de Paris, le ſurnom de GRAND qu'il méritoit à tant de titres.

En 1685 l'Edit de Nantes eſt révoqué, &

l'on voit fortir dans l'efpace de trois ans, plus de cinquante mille familles du Royaume. En 1687 une nouvelle confédération fe forme contre Louis XIV. La guerre fe rallume ; & le Dauphin prend Philisbourg l'année fui-vante. En 1690 le Maréchal de Luxembourg gagne la bataille de Fleurus, & Tourville défait les Flottes d'Angleterre & de Hollan-de. Catinat eft vainqueur à Stafarde. Mais les François perdent la bataille navale de la Hogue en 1692, pendant que Louis le Grand prenoit Namur, & que fes armées triom-phoient fous la conduite du Maréchal de Luxembourg à Steinkerque & à Nervinde, & fous Catinat à la Marfaille. La France éprou-ve une cruelle difette qui rallume l'ardeur des ennemis. Néanmoins la Paix fe fait en 1697, & eft fignée à Riswick : mais elle n'eft pas de longue durée. En 1700, Charles II, Roi d'Efpagne, fait paffer fa couronne fur la tête de Philippe de France, fils du Dauphin. Les puiffances voifines font allarmées ; elles fe liguent, & la guerre embrâfe toute l'Eu-rope. Louis fe foutient feul contre toutes. Cette guerre mêlée de revers & de fuccès fut terminée en 1713 par la Paix d'Utrecht. Deux ans après, Louis le Grand quitte la vie en héros chrétien, le premier Septembre 1715, âgé de 77 ans, dans la foixante-treizieme année de fon regne,

C'eft fous lui que l'on vit éclore ces chefs-d'œuvre en tous genres, qui feront l'éternel honneur de la France. La saine Philosophie ne fut connue que de son temps. La révolution qui s'opéra alors dans nos Arts, dans nos esprits, dans nos mœurs influa sur toute l'Europe. Elle s'étendit en Angleterre : elle porta le goût en Allemagne, les Sciences en Russie, & ranima l'Italie languissante.

Louis XV succéda à ce grand Roi, & mourut le 10 Mai 1774. Il eut pour successeur son petit-fils, Louis-le-Bienfaisant, dont le regne ne peut que faire époque dans l'Histoire de la Monarchie Françoise.

ALMANACH ENCYCLOPÉDIQUE, ou Chronologie des Faits les plus remarquables de l'Histoire universelle, ancienne & moderne, enrichie d'Anecdotes curieuses. A Paris, chez *Valleyre* l'aîné, rue de la vieille Bouclerie, &c.

L'Histoire universelle, ancienne & moderne, quel vaste champ à parcourir dans un Almanach, petit volume *in-12* de 239 pages. Cessons de nous étonner après cela qu'on nous annonce une Edition du fameux Dictionnaire encyclopédique, où la partie de l'Histoire, cette science si étendue & si instructive doit être comprise dans deux Volumes *in-4°*. L'Auteur de l'Almanach commence sa Chronologie à la création d'Adam,

quatre

quatre mille ans avant J. C. Voici comme il raconte cette époque intéressante. Adam créé, mis dans le Paradis terrestre, & chassé de ce lieu de déliees avec Eve sa femme, qui avoit été formée de sa côte.

On est peu d'accord aujourd'hui sur la situation du Jardin d'Eden : c'est le nom que donne l'Ecriture au Paradis terrestre. Torniel croit qu'il étoit voisin de ce qu'on a depuis nommé la Mésopotamie. D'autres le placent dans l'Arabie heureuse, où il existe encore un bourg qui porte le nom d'Eden. D'autres dans l'isle de Ceylan, où l'on voit une montagne qui conserve encore le nom de *Pic d'Adam*, parce qu'il s'y retira, dit-on, après avoir été chassé du Jardin de délices. De plus, on nomme encore aujourd'hui *route d'Adam*, le bras de mer qui sépare cette isle d'avec l'Asie. Ce fut, poursuit-on, la route que prit le premier homme pour se réfugier dans cette vaste contrée.

On est tenté d'appeller désordre & confusion l'ordre qui regne dans l'Almanach encyclopédique. Une Chronologie suivie & non interrompue des Faits historiques depuis Adam jusqu'à nos jours, eût certainement mieux valu que plusieurs répétitions & retours de Chronologie, au moyen de la division que l'Auteur a cru devoir faire de sa matiere, en *Histoire sacrée avant J. C.* & *Histoire sacrée après J. C.*; en *Histoire profane avant J. C.* & *Histoire profane après J. C.* En *Curiosités*

B

& particularités diverses, depuis l'an 92 jusqu'en 1777, en autres Curiosités & Singularités, dont les dates sont incertaines, en Ordres de Chevalerie & marques de distinction. en Inventions du siecle, le tout suivi d'un *supplément à l'Histoire universelle.* Quoi qu'il en soit, l'Ouvrage n'est pas sans mérite; & le Lecteur nous saura gré d'y puiser un nombre de traits curieux, qui ne depareront point ce recueil.

385. Nectaire, Patriarche de Constantinople, abolit la Confession publique, & introduit la Confession auriculaire & la pénitence privée. Ce fut à l'occasion d'une femme qui fut surprise en adultere dans une Eglise, où elle s'étoit renfermée pour y faire quelques prieres, comme son Pénitencier le lui avoit ordonné. Le pape Léon le Grand approuve & adopte ce changement.

1226. Mort de S. François d'Assise. Ce fut lui qui fonda en 1206, 1208 & 1209 un Ordre de Religieux, qui prirent d'abord le nom de *Pauvres Mineurs,* pour l'opposer à celui des Vaudois, héritiques qui s'étoient nommés les *Pauvres de Lyon;* mais ils ont pris depuis celui de *Freres Mineurs.* Cet Ordre...... porte aussi le nom de *Séraphique,* parce qu'il fut donné à son Fondateur, à cause d'une vision qu'il eut sur une des plus hautes montagnes de l'Apennin, d'un Séraphin cru-

cifié tout en feu, après laquelle il lui resta
sur la chair des stigmates, qui sembloient
représenter les plaies que les clous & la lance
avoient faites au corps de Notre Seigneur.
S. François institua aussi auprès d'Assise l'Ordre de la Pénitence, appellé aujourd'hui *le
Tiers-Ordre*, eu égard à celui des Mineurs
& de sainte Claire. Il y a des Couvens de
l'un & de l'autre sexe, & il a compté jusqu'à
90000 Religieux & Religieuses de ses Ordres.

1312. Abolition des Templiers. Le 11 Mars
1313, Jacques de Molay, leur Grand-Maî-
tre, & Guy, frere du Dauphin de Viennois,
furent brûlés vifs dans la Place où est aujour-
d'hui la statue d'Henri IV, sur le Pont-Neuf.
D'autres eurent le même sort dans l'endroit
où est l'Hôtel des Mousquetaires noirs, derriere l'Abbaye de saint Antoine. Le Grand.
Maître ajourna le Roi à comparoître devant
Dieu au bout de l'An, & le Pape, quarante
jours après son jugement ; & l'on prétend
qu'ils moururent dans ces tems-là. Tous les
Templiers qui étoient en France, avoient été
arrêtés le même jour, 13 Octobre 1307.

1509. Le 10 Juin, naquit Calvin à Noyon
en Picardie. Etant Chanoine & Curé de cette
ville, il fut banni, après avoir eu la fleur-de-
lys pour avoir commis un vilain crime , &
se fit apostat. Ayant parcouru différens pays ,
& s'étant fait de la réputation parmi les Hé-

rétiques, parce qu'il avoit écrit l'*Inftitution*, il donna aux Genevois la formule de fa difcipline : mais ayant été chaffé de leur ville, il fut vagabond en Suiffe & en Allemagne, où il fe fit des Sectaires. Il revint enfuite à Geneve en 1541, & y acquit beaucoup d'autorité, à caufe de fes nouvelles opinions. Ses Sectateurs font appellés de fon nom *Calviniftes*, quoiqu'on les connoiffe encore fous ceux de *Sacramentaires*, de *Prétendus Réformés*, de *Proteftans*, & plus communément en France, fous celui de *Huguenots*.

1566. Mort du fameux *Michel Noftradamus*, âgé d'environ 67 ans. On a prétendu repréfenter fon caractere dans le diftique qui fuit, & que l'on attribue à Etienne Jodelle.

Noftra damus, cum falfa damus; nam fallere noftrum eft.
Sed cum falfa damus, nil nifi noftra damus.

1610. Le 6 Mars, Henri IV rendit un Arrêt de fon Confeil d'Etat, qui ordonne que, tant dans les Cours fouveraines que fubalternes, il feroit commis des Avocats & Procureurs, qui feroient tenus d'affifter gratuitement de leurs confeils, labeurs & vacations, les veuves & orphelins, les pauvres Gentilshommes, laboureurs & autres, qui feroient dépourvus de confeils & d'argent. Il feroit bien à fouhaiter qu'on fît revivre ce Réglement. Le Roi Staniflas Leczinski en a fait un pareil en Lorraine.

1717. Un Artiſan de Londres fit par un pur haſard au mois d'Octobre une fortune conſidérable. Sciant une dent d'Eléphant, pour en faire des bâtons d'éventail, il y trouva une diamant fin, eſtimé 13000 liv. ſterlings, c'eſt-à-dire 182 mille liv. de France. On laiſſe aux Naturaliſtes le ſoin d'expliquer de quelle maniere ce bijou a été formé ou enchaſſé dans cette précieuſe dent.

1777. Le Roi de Suede, informé qu'un jeune Poëte avoit fait des vers ſatyriques contre ſa perſonne, l'a fait venir au Palais, & lui a dit avec bonté : Mon ami, vous écrivez avec eſprit ; mais il vous manque une choſe eſſentielle, c'eſt du pain. Je vous pardonne, & vous fais mon Bibliothécaire. Le jeune Poëte a depuis été fait Lecteur de ſa Majeſté Suédoiſe.

ALMANACH DE LA GAIETÉ, Etrennes Lyri-comiques, contenant l'illuſtre Voyageur, ou la Payſanne ſavante, Comédie allégorique en vers libres, mêlés d'Ariettes & autres Chanſons non moins agréables.

Dans le nombre des Almanachs,
Celui-ci ne déplaira pas.

A Paris, chez *Cailleau*, Imprimeur-Lib, rue S. Severin.

Cet Almanach fut fait à l'occasion du voyage que l'Empereur fit en France en 1779, sous le nom de Comte de Falkenstein. On suppose une fête villageoise, des Fiançailles. L'Empereur, qui se promene dans le canton, est reconnu. Il en témoigne sa surprise, & Babet lui chante ce couplet.

AIR : *Jusques dans la moindre chose.*

JUSQUES dans le cœur d'un Prince,
On lit, quand il est aimé ;
Et de Province en Province
Il trouve un peuple animé.
Chacun vole à sa rencontre ;
Pour plaire, on voit qu'il est né :
Et quand Falkenstein se montre ,
Il est toujours couronné.

———

ALMANACH DES JEUX, ou Académie portative, contenant les regles du Wischt, du Reversi, du Tri-Setté & du Piquet. Nouvelle édition , augmentée du Jeu de Trictrac. A Paris, chez *Fournier* , rue du Hurepoix.

VOILA de quoi satisfaire bien des oisifs. Mais où est M. de Toutabas, pour juger de la bonté de l'Ouvrage ? Nous avouerons notre ignorance à cet égard.

Almanach de la Librairie, contenant
1°. les noms des Miniſtres & Magiſtrats qui
ſont à la tête de la Librairie, ceux des Cen-
ſeurs & des Inſpecteurs.

2°. Un Traité abregé des formalités qu'on
doit remplir pour obtenir les différentes per-
miſſions d'imprimer, de faire venir des Livres
étrangers, de ſuivre les procès pendans en la
Commiſſion, ou au Conſeil, & enfin de ce
qu'il faut faire pour parvenir à être reçu Libraire ou Imprimeur.

3°. Un tableau de tous les Libraires &
Imprimeurs de Paris & du Royaume.

4°. Un tableau des Libraires des principales villes de l'Europe.

5°. Un tableau des Graveurs d'Hiſtoire,
de Payſages, de Portraits, établis à Paris,
ſuivi de celui des Marchands d'eſtampes & de
deſſins.

6°. Les noms & les adreſſes des Graveurs
en Lettres & en Muſique, & ceux des Marchands de Muſique de Paris & des principales
villes du Royaume.

7°. Les Foires de Librairie.

8°. Le départ des Meſſageries, des Coches
d'eau & des Rouliers, & enfin les nouveaux
Réglemens.

A Paris, chez *Mouţard*, Imprimeur-Libraire de la Reine, rue des Mathurins.

Nous pourrions nous borner à ce titre pour donner de l'*Almanach de la Librairie* une connoissance suffisante. Mais ce qui suit nous a paru trop important pour être renvoyé à la lecture de l'Ouvrage.

Les feuilles des Jugemens, c'est-à-dire celles sur lesquelles sont portés les Ouvrages dont on a demandé des Privileges ou des Permissions du Sceau sont envoyées à M. le Begue, Secrétaire du Roi, qui est chargé de les expédier, & auquel on paie, avant le Sceau, 37 liv. pour les Privileges, & 7 liv. 2 sols pour les Permissions du Sceau.

Le lendemain du Sceau, on les retire de chez M. le Begue, & on les porte à la Chambre Syndicale pour les y faire enregistrer. Cette formalité est de rigueur. Si elle n'est pas remplie dans les trois mois, à compter de la date du Privilege ou de la Permission, ce Privilege ou cette Permission deviennent nuls, & ne peuvent plus avoir d'effet.

Cependant quand on y a manqué, on peut remettre au Bureau le parchemin, & sur la premiere feuille des Jugemens, le Ministre accorde un nouveau Privilege ou une nouvelle Permission. Cette feuille est renvoyée à l'Ordinaire chez M. le Begue avec le parchemin. Il le fait sceller une seconde fois ; & on paye pour cette expédition, qui s'appelle *Sceau pour Sceau*, 4 liv. 4 sols.

Il y a quatre especes de Permissions : 1°. le Privilege général & exclusif. 2°. La Permission
du

du Sceau. 3°. La Permiſſion ſimple. 4°. La Permiſſion de Police.

Le Privilege eſt au moins de dix ans. Il donne à l'impétrant le droit excluſif de faire imprimer & de vendre l'Ouvrage dont il eſt l'objet, celui d'en pourſuivre les contrefacteurs, &c. Il coûte 36 liv. 12 ſols.

La Permiſſion du Sceau ne dure que cinq ans. On la ſollicite uniquement pour les Ouvrages qui ne paroiſſent pas mériter qu'on faſſe les frais d'un Privilege. Elle n'eſt cependant pas excluſive comme le Privilege.

La Permiſſion ſimple ne donne d'autre droit que celui de faire une édition de tel ou tel Ouvrage, dont il n'y a point de Privilege, ou dont le Privilege eſt expiré ſuivant l'Arrêt du Conſeil, du 30 Août 1777, concernant les Privileges.

La Permiſſion de Police concerne les affiches, Placards, Adreſſes, les Pieces de Théâtre, les Chanſons, les Relations, & généralement tous les Ouvrages qui, imprimés en caractere *Cicero*, ne forment pas plus de deux ou trois feuilles d'impreſſion.

ALMANACH LITTÉRAIRE ; ou Etrennes d'Apollon, contenant beaucoup de nouveautés : 1°. ſept pages de Variétés préliminaires, où ſe trouvent des détails ſur la Naiſſance du Dauphin ; le Cerfeuil, conte, par M. Bret ; divers petits morceaux de MM. Feutry, de

Charnois, de la Louptiere, de S. Ange, &c.
2°. Lettres de Voltaire à Madame de Chambonin & à d'autres personnes ; Portrait d'Elvire , par M. Rochon de Chabannes ; une Chanson & une Table du même ; un Conte par M. le Suire ; Montagu & Sandal, par M. d'Arnaud ; Vers de M. Blin de Sainmore ; Ambigu poëtique, par M. Peyraud de Beauffol ; la Fête des Laboureurs, par M. Bret ; Vers de M. le Mierre ; Lettre de Madame la Comtesse de Grismondi ; le Mantelet trouvé, par M. de Beaumarchais ; Madrigal de M. le Chevalier de Boufflers ; Anecdotes, Pieces fugitives de M. D*** ; Vers de M. de la Dixmerie ; Pieces de M. le Chevalier de Rivarol ; Stances par M. Regnault de Chaource ; Portrait de la Reine, du même ; Epigrammes par M. Pons de Verdun ; Traits curieux, Stances, Lettres de M. Davesne ; Epître en vers, par M. Sabatier de Cavaillon & M. Marechal ; Notices des principaux Ouvrages, remplis de bons mots & de faits amusans, avec quantité d'autres Articles. A Athenes, & se trouve à Paris, chez les Libraires des années précédentes.

Si ce titre n'est pas un galimathias fastidieux & dégoûtant, il faut convenir qu'il n'y en a jamais eu.

Monsieur l'Auteur, que Dieu confonde,
Vous êtes un maudit bavard.
Jamais on n'ennuya son monde
Avec si peu d'esprit & d'art.

Voilà les Vers qui se présentent d'abord
à l'esprit, long-temps même avant que d'a-
voir achevé la lecture du titre assommant de
l'Almanach littéraire. A cela près, on trouve
dans ce Recueil des choses intéressantes.
L'article *Poésie* est composé de Pieces fugitives; & l'on sçait que, pour l'ordinaire, ce
sont des enfants perdus qu'à peine les peres
osent reclamer. On en doit cependant distin-
guer plusieurs, tels que les deux morceaux
suivans, qui sont de M. Pons de Verdun.

VERS.

D'une jeune Femme à un Mari sexagénaire.

C'est toi que j'aime & que j'honore :
Je te suivrai jusqu'au trépas.
Si les Dieux m'avoient fait l'Aurore,
Tu rajeunirois dans mes bras.

ÉPIGRAMME.

Ci gît Rondon : voici l'histoire de sa vie ;
Le bon-homme étoit né coëffé.
A soixante ans il prit femme jolie,
Et mourut comme il étoit né.

Tout ce qui vient de Voltaire est précieux
sans doute pour la Littérature. Aussi nous
offre-t-on vingt-deux Lettres de ce célebre
Ecrivain. A l'avouer naturellement, ces Pieces, toutes bonnes qu'elles sont, ne renfer-

ment que des Anecdotes de société, qui perdent beaucoup de leur sel pour le Public.
C'est Voltaire à Circey, qui fait les honneurs
de la maison de Madame du Châtelet. Ce
sont des invitations dans les unes, des remer-
cîmens dans les autres. On verra cependant
avec plaisir M. de Marmontel écrire à Voltaire, 5 Mai 1758 : « MONSIEUR, il y avoit
» autrefois un jeune homme qui vous aimoit
» comme votre enfant, & qui vous respec-
» toit comme son pere en Apollon. Cet enfant
» eut la foiblesse & le malheur de s'éloigner
» de son pere. Le ciel l'en punit. Il fit des
» Egyptus qui tomberent ; il fit d'autres sot-
» tises ; en un mot rien ne lui prospéra. Dans
» l'amertume de ses regrets, il dit : J'irai vers
» mon Pere ; & pour se présenter avec sa robe
» blanche, il alla se purifier avec les Ca-
» kouacs ; & parmi ce Peuple vertueux & per-
» sécuté, tout retentissoit de votre nom. Ce
» fils qui vous aimoit toujours, mêla sa foi-
» ble voix à ce concert de louanges, & il
» s'écria, comme tout le monde : Mon Pere
» est la Lumiere de son siecle ; il est revêtu de
» force & de grace ; il porte d'une main le
» pinceau de la Poésie ; de l'autre, le compas
» de la raison. Il grave la vérité sur des Ta-
» bles de diamans ; il trace avec des fleurs
» les sentiers de l'art & du goût ; il vole sur
» les aîles du génie. Votre fils vous loua, &
» il fut loué. L'Ange de la Prospérité le prit
» par la main, le conduisit dans une campa-

» gne riante & fertile, & lui dit : Voilà le
» champ que je t'ai réservé ; si tu veux que
» je te donne des moissons abondantes, jette-
» toi dans le sein de ton Pere, & obtiens de
» lui qu'il daigne le semer. Je suis avec une
» amitié filiale, &c.

Réponse de *VOLTAIRE*.

Aux Délices, 15 Mai.

« DIGNE Cakouac, fils de Cakouac, *fili*
» *mi dilecte, in quo bene complacui.* Graces
» vous soient rendues, pour vous être sou-
» venu de moi dans votre Planete de Mer-
» cure *. Quoique je ne sois plus de ce
» monde, j'apprens que votre bénéfice, qui
» n'est pas simple, est pourtant chargé de
» grosses pensions. . . . Je vous embrasse de
» tout mon cœur, & je me réjouis avec le
» Public de ce qu'un Ouvrage si long-temps
» décrié, est tombé enfin entre les mains d'un
» véritable homme d'esprit, & d'un philoso-
» phe capable de le relever, & d'en faire un
» très-bon Journal. Adieu, &c.

M. *MARMONTEL* à *Voltaire*.

« MONSIEUR, j'ai cru être sur le Thabor,
» quand j'ai entendu, *fili mi dilecte.* Cette

---

* M. Marmontel faisoit alors le Mercure de
France.

» Lettre édifiante feroit un morceau bien flat-
» teur pour moi à inférer dans le Mercure.

Mais ce n'est pas tout d'être heureux,
Il faut encore être modeste.

» On m'a mis à la vérité dans le cas de me
» comparer aux Abeilles, *sic vos non vobis ;*
» mais mon travail fera bien fecondé, fi les
» Gens de Lettres veulent me tenir ce qu'ils
» m'ont promis. Bernard lui-même, le fage
» & difcret Bernard ouvrira pour moi fon
» Portefeuille. MM. de S. Lambert, le Comte
» de Treffan, d'Alembert veulent bien y con-
» courir.... Diderot, cet Atlas de l'Encly-
» clopédie.... Vous avez la bonté d'appeller
» miel le mélange que je compofe. Jettez-
» moi de ces fleurs plus douces, plus odori-
» férantes que celles du mont Hybla. C'eft
» alors que je prendrai pour devife, *cœleftia*
» *dona,* & pour emblême un effaim d'Abeil-
» les, à la tête defquelles fera leur Roi. Je
» fuis, &c.

L'article des Anecdotes eft intéreffant : elles
font toutes bien choifies & bien écrites.

On faifoit dans une compagnie de gens
d'efprit le plus grand éloge de la nouvelle
Traduction de l'Ariofte : « Vous ne fau-
riez la louer trop, dit M. l'Abbé Arnaud,
M. le Comte de Treffan l'a écrite avec la
plume de l'Amour ».

M. le Marquis de la Fare, héritier des

graces & des talens d'un grand Oncle, si cher
aux Muses, fit sur M. de Voltaire l'impromptu
suivant.

> Rien ne change sur la terre,
>   Que de forme & de nom :
> Les Payens nommoient Apollon,
> Le Dieu que nous nommons Voltaire.

J. J. Rousseau disoit de Duclos, Secrétaire
perpétuel de l'Académie Française : « Il est
tout à la fois droit & adroit.

M. le Cardinal de Bernis, entouré de gens
de Lettres qui s'échauffoient en disputes, &
se rendoient trait pour trait, « Messieurs,
» Messieurs, leur dit-il, il ne faut jamais,
» autant qu'on peut, donner la mesure de
» son esprit ».

Le jour que M. le Mierre & M. le Comte
de Tressan vinrent prendre place à l'Académie Françoise, M. d'Alembert, impatient
qu'on ne commençât pas la Séance, dit très-
haut à l'Auteur de la Veuve du Malabar :
M. le Mierre, on attend après vous. Aussitôt
une voix se fit entendre dans l'Assemblée, &
prononça distinctement ces mots : « Si vous
attendez après lui, il y avoit assez long-temps
qu'il attendoit après vous.

Lorsque Voltaire dit en plaisantant à Mademoiselle Vestris, qu'il avoit travaillé pour

elle jour & nuit. «Au moins, s'écria Mademoiselle Arnoult, avec son ingénuité & agréable malice, ce n'a pas été sans rature.

Dans le temps que M. d'Arnaud étoit à la Cour de Berlin, on s'entretint un jour chez le Roi de Métaphysique & de Morale. «Pour M. d'Arnaud, dit Frédéric le Grand, c'est un homme qui a des principes : il croit en Dieu.... Oui, Sire, oui, j'y crois; n'est-il pas nécessaire qu'il y ait un être au-dessus des Rois.

Voici un trait qui caractérise au mieux Voltaire. Lorsqu'on l'arrêta à la Porte de Francfort, il remit furtivement quelques Papiers à son Secrétaire, que celui-ci cacha dans sa culotte. Enfermé dans sa chambre, il fut curieux de savoir ce que c'étoit, & ne trouva qu'un nouveau Chant de la Pucelle & des morceaux de Philosophie. Dans ce moment critique, Voltaire avoit oublié ses bijoux, ses lettres de change, ses papiers de famille, & pensoit à des ouvrages de Littérature.

Trait admirable de M. l'Archevêque d'Ausch, 1781.

M. d'Apchon, Archevêque d'Ausch, apprend que le feu embrâse & dévore une maison dans sa ville épiscopale. Il sort soudain de son Palais, & se transporte au lieu de

l'incendie, pour ordonner les fecours néceffaires & pour foulager les malheureux. On lui
dit qu'un enfant eft refté dans une chambre
que le feu environne. Le vertueux Prélat crie
à haute voix : 2000 *liv. à celui qui le déli-
vre !* Perfonne n'ofe affronter le danger.
Mille écus , s'écria-t-il avec tranfport! & un
moment après, plus vivement encore : *douze
cents livres de rente !* Mais aucun homme du
peuple affemblé n'ayant affez de hardieffe
pour tenter l'entreprife, l'intrépide Archevêque déchire fa foutane , & lui-même s'élan-
çant à travers les flammes, va chercher l'in-
fortunée victime, & la rapporte vivante. Il
y a plus : portant au comble la grandeur
d'ame & la générofité , ce digne Apôtre de
la religion & de l'humanité, a placé fur la
tête de ce même enfant les 1200 liv. de rente
qu'il offroit à celui qui auroit eu le courage
de l'arracher aux flammes. Voilà un Evèque!
voilà un pere! voilà un héros!

Traits curieux & finguliers.

On connoît les accidens que les Voitures
multipliées occafionnent dans Paris. Louis XV
difoit un jour en riant : « Si j'étois Lieutenant de Police , je défendrois les cabriolets.

Un jour Louis XIV dit le plus férieufe-
ment du monde à un Seigneur de fa Cour,
dont il connoiffoit l'ambition démefurée :

Savez - vous l'Espagnol ? — Non , Sire.
—Tant pis. Ce Seigneur crut qu'en appre-
nant vîte cette langue, il parviendroit à être
Ambassadeur. Il y donna tous ses soins, &
la sut en très-peu de temps. Se présentant
alors devant le Monarque : Sire, j'ai appris
l'Espagnol. — Le savez-vous au point de le
parler avec les Espagnols même ! — Oui,
Sire, -- Je vous en félicite. Eh ! bien, vous
pourrez lire Dom Quichotte dans l'original.

La célebre Mademoiselle Arnoul, que l'O-
pera regrettera long-temps, faisoit une vente
de bijoux précieux, où tout fut porté à un prix
excessif. Plusieurs jolies femmes en murmu-
rerent. « Comment donc, Mesdames, leur
dit notre ingénieuse Actrice ! treve d'humeur.
Ah ! je vois bien que vous voudriez les avoir
au prix coûtant.

On sait tous les excès auxquels se livra le
Cardinal Dubois. Ils altererent si fort sa santé, qu'il tomba dangereusement malade ; &
il ne s'agissoit rien moins que de lui faire une
amputation des plus douloureuses. On manda à cet effet le plus habile Chirurgien de
l'Hôtel-Dieu. Dès que le Cardinal le vit entrer, il lui dit : Mon ami, ne vas pas me
traiter comme tes gueux de l'Hôtel-Dieu.
Monseigneur, répondit fierement le Chirurgien, tous ces gueux-là sont des Ministres
pour moi.

MARIVAUX ne comprenoit pas comment certains hommes se montrent si incrédules sur des choses essentielles, & si crédules pour des futilités. Il dit un jour au Lord Bolinbrook, qui étoit de ce caractere : « Si vous ne croyez point, ce n'est pas du moins faute de foi.

LE célebre Pope étoit bossu, & avoit les jambes torses. Le Roi d'Angleterre l'appercevant dans une rue de Londres, dit à ses courtisans : « A quoi nous sert ce petit homme qui marche de travers ? Pope l'entend, & répond : à vous faire marcher droit.

Notice des principaux Ouvrages mis au jour en 1781.

C'EST ici que notre Auteur devient de plus en plus intéressant : il commence par le Discours prononcé dans l'Académie Françoise, à la réception de M. le Mierre ; & il observe sagement que ce Discours doit faire époque, puisque ce n'est pas à la sollicitation, suivant l'usage, mais au mérite seul que l'Académie a accordé la place. Aussi, continue M. d'Aquin de Château-Lyon, a-t-il su le faire sentir, en s'exprimant dans ces termes : « La place que vous m'accordez est d'autant » plus flatteuse, que ne l'ayant sollicitée que » par mes Ecrits, je serois presque tenté de » croire que je n'ai eu affaire qu'à des Ju-

»ges ». Cette phrase, ajoute l'Auteur, est
d'un homme qui sent tout ce qu'il vaut, &
qui ne peut s'empêcher de se ressouvenir au
moment même de son triomphe, que son
laurier n'auroit pas dû être si tardif.

Pour faire connoître le mérite & l'esprit
des Notices que nous donne M. d'Aquin,
nous ne pouvons mieux faire que de copier
au hasard quelques articles.

Héroïde, ou *Lettre d'Adélaïde de Lussan
au Comte de Comminges*, par M. de Maisonneuve, *in-8°*. chez *l'Esprit*, au Palais Royal.

M. d'Arnaud a tiré des Mémoires du Comte
de Comminges le sujet d'un Drame très-pa-
thétique & très-attendrissant. Depuis peu,
M. de Maisonneuve a habillé le même sujet
en Héroïde, & n'a pas fait verser moins de
larmes. Le premier a donné un grand tableau.
Le second a offert une jolie miniature.

*Mémoires pour servir à l'Histoire de la
Révolution opérée dans la Musique.* Chez
Bailly, rue S. Honoré, *in-8°*.

Voici un morceau de l'Avant-propos qui
nous paroît bien frappé. La vérité s'y fait
entendre, & la justice l'a dicté. Lorsqu'en
1774 M. le Chevalier Gluck apporta son
Iphigénie en Aulide, le Public & quelques
gens de Lettres du premier ordre se divisèrent
sur le mérite de cet Ouvrage. Le Public, qui
ne regle point ses plaisirs sur des opinions &

des phrafes, femble s'être réuni aujourd'hui en faveur de fon illuftre Adverfaire, M. Rameau. Obfervons que long-temps avant que M. Gluck parût en France, les Connoiffeurs les plus fenfibles & les plus éclairés de l'Italie l'avoient propofé pour modele à tous les Compofiteurs dramatiques de leur pays. Ajoutons que dans un Poëme Efpagnol fur la Mufique, récemment imprimé à Madrid, l'Auteur, après avoir donné à ce grand Muficien le titre d'Homme immortel & d'inventeur fublime, dit hardiment que c'eft par lui que *notre fiecle fera le fiecle d'or lyrique.* Cet accord des principaux Connoiffeurs des différentes nations de l'Europe fuffifoit fans doute pour déterminer le fuffrage d'un fourd. Mais tous les fiecles nous ont appris combien il eft difficile d'arracher l'aveu folemnel d'une erreur à des perfonnes qui fe croient faites pour créer & diriger l'opinion publique.

Le Génie de l'Architecture, ou *l'Analogie de cet Art avec nos fenfations,* in-8°. par M. le Camus de Mezieres. Chez l'Auteur, rue du Foin S. Jacques, au College de Maître Gervais, & chez Morin, Libraire rue faint Jacques.

L'auteur dit modeftement dans fon Introduction, qu'il n'offre ce travail que comme un fimple effai, afin d'exciter des génies plus heureux à faifir le même point de vue, & à faire fur cette matiere un Ouvrage complet, digne du fiecle éclairé dans lequel nous vivons. La réponfe à cela eft que M. le Camus de Mezieres peut ofer davantage que cet eſſai.

L'Antonéide, ou *la Naiſſance du Dauphin & de Madame* : Poëme en fept chants, *in-8°*. préfenté au Roi, par M. Peyraud de Beauſſol, chez la veuve Duchefne, rue S. Jacques.

De la Poéfie, de l'harmonie, du goût, une verfification foignée, une grande variété de ftyle. Nous renvoyons à la Préface de M. de Beauſſol pour la conduite du Poëme. L'Auteur paroît s'y juger trop féverement. Chaque chant a des beautés & des détails heureux ; mais le feptieme nous a frappés. Plus de Dieux de la Fable. Le Poëte reconnoît leur impuiſſance : les vaftes cieux s'ouvrent, leur Souverain defcend, tout s'incline, tout tremble : le Tout-puiſſant annonce à la Reine un Dauphin.

France, réjouis-toi, l'Eternel te le donne.

Almanach des Muses, 1782. A Paris, chez *Delalain*, l'aîné, Libraire, rue faint Jacques, vis-à-vis la rue du Plâtre.

Laissons aux Journaliftes plus exercés que nous dans l'Art de la Critique, le foin de faire connoître les progrès ou la décadence de la Poéfie Françoife, relativement à ce

Répertoire, dont il a déjà paru dix-huit volumes. Les Abeilles ne compotent pas seulement leur miel du suc des plus belles fleurs. Sans aspirer à des chef-d'œuvres, il nous suffit de rencontrer des choses agréables, pour rendre notre Recueil intéressant. Les Pieces que nous allons citer, ne sont peut-être pas les meilleures de l'Almanach des Muses : mais nous avons pris plaisir à les lire, & ce plaisir, il faut le partager avec ceux qui nous liront.

A une jolie Dévote.

QUOI ! tu voudrois me convertir !
A tes vœux puis-je être docile ?
Tu défends le moindre desir,
Et tes yeux en font naître mille.
Tu voudrois que de mon péché
J'eusse une douleur bien amere ;
Et je ne puis être fâché
Que de ne t'en voir jamais faire.
L'homme ici-bas ne fut jetté
Que pour y faire pénitence :
Je connois cette vérité ;
Mais je n'y crois qu'en ton absence.
Lorsque tu me prêches la Foi,
Mon cœur veut te donner la sienne ;
La Grace eût triomphé de moi ;
Mais résisterois-je à la tienne ?
Si d'un Dieu tu peins la grandeur,
C'est dans un si joli langage,
Que j'oublierois presque l'Auteur,
Pour n'admirer que son ouvrage.
Tu veux envain guider mes pas

Dans une nuit aussi profonde :
Qui t'entend, ou voit tes appas,
Thémire, est trop bien ici-bas,
Pour s'occuper de l'autre monde.

Par M. D'Hermite de Maillane.

ROMANCE.

Faite à Ermenonville, sur le Tombeau de J. J. Rousseau.

Air : *d'Alexis.*

Voici donc le séjour paisible,
 Où des mortels
Le plus tendre & le plus sensible
 A des autels !
C'est ici qu'un Sage repose
 Tranquillement.
Ah ! parons au moins d'une rose
 Son monument.

Approchez, Meres désolées,
 De ce Tombeau,
Pour vous, de tous les Mausolées
 C'est le plus beau.
Jean-Jacques vous apprit l'usage
 De vos pouvoirs,
Et vous fit aimer davantage
 Tous vos devoirs.

        C'est

C'eſt ici que, dans le ſilence,
   Sa plume en main,
Il aggrandiſſoit la ſcience
   Du cœur humain.
Plus loin, voyez-vous ces bocages
   Sombres & verds ?
Il s'y déroboit aux hommages
   De l'Univers.

Autour de cet aſyle ſombre ;
   En ces momens,
Ne croit-on pas voir errer l'ombre
   De deux Amans ?
Noble Saint-Preux, ſimple Julie,
   Noms adorés,
Quelle douce mélancolie
   Vous m'inſpirez !

Sur cette Tombe ſolitaire
   Coulez mes pleurs !
Hélas ! il n'eſt plus ſur la terre
   L'ami des mœurs !
Vous qui n'aimez que l'impoſture,
   Fuyez ces lieux.
Le ſentiment & la nature
   Furent ſes Dieux.

Par Madame la Comteſſe DE BEAUCHARNAIS.

COUPLETS.

Même Air.

JEUNES beautés, qui faites taire
    Tous vos desirs,
Et fuyez du Dieu de Cythere
    Les doux plaisirs ;
Vains préjugés, pure grimace
    Que tout cela ! •
Il faut toujours, quoique l'on fasse,
    En venir là.

Julie étoit jeune & jolie,
    Comme Cypris.
Le beau Dorilas de Julie
    Etoit épris.
Mais envain d'amour à la Belle
    L'Amant parla :
Il ne put jamais avec elle
    En venir là.

La beauté passe. On vit Julie
    S'humaniser ;
On voulut bien par fantaisie
    La courtiser.
Du Jeu d'amour la douce ivresse
    Tant la charma,
Qu'elle auroit desiré sans cesse
    En venir là.

Enfin disparurent ses graces,
  Et pour jamais :
Bientôt l'on ne vit nulles traces
  De ses attraits ;
Et vint le temps où notre Belle
  Plus ne trouva
Quelqu'un qui voulût avec elle
  En venir là.

Julie alors un peu plus sage,
  Se repentit
De n'avoir pas mis son bel âge
  Mieux à profit.
Rappellez-vous, Gentes fillettes,
  Souvent cela :
Vous ne sauriez assez Jeunettes,
  En venir là.

Par M. F.

ÉPIGRAMME.

CLITON plaidoit pour une somme ;
Qu'on lui devoit suivant les Loix.
Il a perdu tout d'une voix,
Ou, pour mieux dire, tout d'un somme.

Par M. FRANÇOIS DE NEUFCHATEAU.

STANCES.

*A Madame * * *.*

Oui, vous m'avez dit : *Je vous aime,*
Il est sorti ce mot charmant ;
Mais vous l'avez dit en riant ;
Je ne vous l'ai pas dit de même.

Mon cœur est toujours mécontent,
Et tout mon désespoir me reste.
J'aurois mieux aimé qu'en pleurant,
Vous m'eussiez dit : *Je vous déteste.*

C'est aux cœurs froids, aux cœurs ingrats
Que l'on peut pardonner le rire ;
Mais, quoi que vous en puissiez dire,
Lorsque l'on aime, on ne rit pas.

L'Amour vrai se plaît dans les larmes ;
Et nous adorons la beauté,
Peut-être encor moins pour ses charmes ;
Que pour sa sensibilité.

Si la rose aux jardins de Flore
Fixe les regards amoureux,
C'est lorsqu'elle brûle à nos yeux,
Couverte des pleurs de l'Aurore.

Enfin, ce mot si desiré
Aujourd'hui n'a rien qui me touche.
Il est sorti de votre bouche,
Mal dit, & plus mal préparé.

Le sentiment a ses nuances ;
Et, pour rendre un cœur fortuné,
Par cent petites circonstances
Un aveu doit être amené.

Commencez donc par vous contraindre
Sur votre air de légereté.
Parler d'amour avec gaieté,
C'est pis encor que de le feindre.

Ne retirez pas votre main,
Quand de mes levres je la presse ;
Et ne condamnez pas l'ivresse
D'un baiser pris sur votre sein.

Si votre bouche scrupuleuse
N'ose prononcer mon bonheur,
Au moins sous ma main curieuse
Laissez palpiter votre cœur.

Que la crainte s'évanouisse,
Si mon amour a triomphé,
Et que votre ame se trahisse,
Par un soupir mal étouffé.

Dans ces momens de trouble extrême;
Momens où le cœur est plus vrai,
Vous pourrez dire : *Je vous aime*,
Et peut-être je vous croirai.

Par M. LALLEMAND.

VERS.

Mis au bas d'une Figure en marbre représentant la Modestie.

Sous les traits charmans d'Isabelle,
La Modestie enchante ici nos yeux ;
Elle baisse les siens, sans en être moins belle ;
Elle a son air naïf, son souris gracieux.
Il ne lui manque plus que de rougir comme elle.

Par M. DE CHOISI.

Nous ne pouvons pas mieux terminer cet Extrait qu'en rapportant des Vers de Voltaire par lesquels finit l'Almanach des Muses, & qui, faits à l'âge de 85 ans, pendant le dernier séjour de l'Auteur à Paris, n'ont jamais été imprimés.

AU ROI DE PRUSSE.

Epictete, au bord du tombeau,
A reçu ce présent des mains de Marc-Aurele.
Il a dit : mon sort est trop beau ;
J'aurai vécu pour lui, je lui mourrai fidele.

Nous avons cultivé tous deux les mêmes Arts,
  Et la même Philosophie,
Moi Sujet, lui Monarque & favori de Mars.
Et par fois tous les deux, objets d'un peu d'envie.
Il rendit plus d'un Roi de ses exploits jaloux :
Moi, je fus harcelé des Gredins du Parnasse.
Il eut des ennemis ; il les dissipa tous :
Et la troupe des miens dans la fange croasse.
  Les Cagots m'ont persécuté :
Les Cagots à ses pieds frémissoient en silence.
Lui sur le Trône assis, moi dans l'obscurité,
  Nous prêchâmes la Tolérance.
Nous adorions tous deux le Dieu de l'Univers ;
  Car il en est un, quoiqu'on dise ;
  Mais nous n'eûmes pas la sottise
De le deshonorer par des cultes pervers,
Nous irons tous les deux dans la céleste sphere ;
Lui, fort tard, moi, bientôt. Il obtiendra, je crois,
Un trône auprès d'Achille, & même auprès d'Homere:
Et je vais demander un tabouret pour moi.

      VOLTAIRE.

ALMANACH DE PARIS, premiere partie, contenant la demeure, les noms & qualités des personnes de condition, broché 36 sols. La seconde partie contenant les noms & demeures des différens Bourgeois, Gens d'affaires, Marchands, Artistes, &c. broché 36 l. A Paris, chez l'Esclapart fils, Libraire, pont Notre-Dame.

DES noms & seulement des noms ne sont susceptibles d'aucun extrait. Nous observerons avec l'Editeur, que cet Almanach (la première partie) renferme plus de six mille adresses, d'où l'on peut conclure, si la liste est complette, qu'il n'y a gueres plus de six mille Nobles dans Paris. Au surplus, comme les changemens de domiciles sont très-fréquens dans la Capitale, il est fort commode de savoir dans un instant & sans recherche pénible, quelle est la résidence de telle ou telle personne.

Quant à la seconde Partie, contenant les noms des Bourgeois & Artistes, elle nous a paru tout au moins inutile. Pour qu'elle fût de quelque avantage au Public, il auroit fallu classer les noms, suivant les Professions. Ainsi dans un Chapitre intitulé *Architectes*, on auroit aisément trouvé la demeure de l'Artiste dont on auroit eu besoin. Mais tout étant confondu, tout pêle-mêle, si l'on ouvre le Livre, à la page 160 par exemple, on trouve vingt-cinq *Martin*, sans que les demeures différentes suffisent pour indiquer à quelle espece de Martin l'on a affaire.

ALMANACH PARISIEN, en faveur des Étrangers & des perſonnes curieuſes, indiquant, par ordre alphabétique, tous les monumens des Beaux-Arts répandus dans la ville de Paris & aux environs. Nouvelle édition, corrigée & conſidérablement augmentée. A Paris, chez la veüve *Ducheſne*, Libraire, rue S. Jacques, au Temple du Goût. 2 Part.

CETTE nouvelle Edition, corrigée, &c. n'eſt point aſſez nouvelle, ni ſuffiſamment corrigée. Car, à l'ouverture de la premiere Partie, nous ſommes tombés ſur cet article.

OPERA [L'], rue S. Honoré. La nouvelle Salle de l'Opera. Elle mérite l'attention des Connoiſſeurs. Ce bel édifice a été conſtruit ſur les deſſins de M. Moreau, Architecte du Roi, &c. L'ouverture de la ſcene a trente-ſix pieds de largeur, & trente-deux de hauteur, proportion qui rapproche très-bien le fond du Théâtre de l'avant-ſcene... Le plan intérieur de la Salle eſt d'une forme arrondie, & le plafond fait un bel ovale. Il eſt rempli par un grand Tableau, repréſentant les Muſes & les talens lyriques que le Génie des Arts a raſſemblés. Apollon..... Rien de tout cela n'exiſte, depuis le mois de Juin 1781, que la ſalle de l'Opera a été conſumée par le feu.

E

Cet article de l'Opera, que nous n'avons point trouvé corrigé, nous a fait chercher celui du Palais Royal (seconde Partie, *au mot* Jardins publics). Voici ce qu'on y lit.

JARDIN du Palais Royal. Ce Jardin n'est pas, à beaucoup près, de la grandeur des deux derniers (les Thuileries & le Luxembourg). Mais comme il est dans le centre du Quartier le plus rempli de gens aisés, tant Financiers que Marchands de la rue S. Honoré, & autres rues voisines, il est très-fréquenté. D'ailleurs la grande propreté avec laquelle il est tenu, lui donne un spectacle riant ; & sa proximité d'une quantité de grosses Maisons, invite beaucoup de monde à s'y promener. On y trouve bonne compagnie presque tous les jours entre midi & une heure, surtout en hiver, & particulierement dans l'allée qui est en face & au-dessus du bassin. En été, c'est dans la grande allée des Maronniers que se rassemble le beau monde.

Cette grande propreté, ce spectacle riant, cette grande allée des Maronniers, la plus belle qui fut en Europe, tout cela n'existe plus qu'en idée. Le Jardin du Palais Royal, déja fort étroit par lui-même, lorsqu'on imprima cette description, n'offre plus à présent qu'un boyau de promenade naissante, mais en récompense une grande quantité de maisons qui formeront un revenu considérable.

Mais si dans l'espace de quelques années les

changemens survenus dans la Capitale en
font, pour ainsi dire, vieillir les Descrip-
tions, il est des monumens patriotiques, que
leur utilité & leur solidité semblent mettre à
l'abri des injures du temps & du caprice des
hommes. Telle est surtout LA NOUVELLE
HALLE pour les grains & les farines, quartier
S. Eustache, construite sur le terrein de l'ancien Hôtel de Soissons. Ce vaste Edifice con-
sacré au service du Public est digne à tous
égards de l'attention des Etrangers & de tous
les Curieux. Le terrein contient en tout quatre cent soixante-cinq toises. L'enceinte est
formée par un cercle de quatre-vingt-huit
pieds de diamètre, lequel est entouré de
maisons pour des particuliers. Le mérite de
ce grand édifice, est sa forme nouvelle,
qui est circulaire. L'ensemble du bâtiment
offre aux yeux une espèce de rotonde per-
cée de quinze arcades de dix pieds & demi
d'ouverture ; six servent de passage & répondent à autant de rues, qui sont ter-
minées par des carrefours ; à un des tru-
meaux de la quinzième arcade, on a
sculpté le buste du Roi. On doit remarquer
1°. le rez-de-chaussée, & la beauté des voûtes qui regnent autour ; elles sont portées sur
des colomnes de proportion toscane ; 2°. les
deux escaliers qui conduisent aux greniers ;
celui du côté de la colomne de Médicis est
des plus singuliers, & fait connoître le génie
de son Inventeur. On y monte de quatre côtés

jusqu'au premier pallier, ensuite on reprend par deux rampes, l'une à droite, l'autre à gauche, qui se croisent toujours parallelement, & qui conduisent jusqu'au haut ; la section des courbes, forme un ensemble des plus agréables ; le tout est en pierres de liais, & offre aux yeux la plus grande propreté & précision, &c. 3°. Les greniers, leur vaste étendue, la beauté de la voûte qui les couvre, & qui forme comme un seul trait circulaire....Enfin on doit remarquer qu'il n'est entré aucun bois dans ce bel édifice ; tout y est voûté, ensorte qu'on doit le regarder comme incombustible. Au reste la décoration en est simple, & répond parfaitement à l'objet auquel il est destiné. En un mot c'est un ouvrage digne des Romains. Cet édifice est d'après les dessins de M. le Camus de Mezieres, Architecte du Roi ; & on doit être étonné qu'un pareil bâtiment & ses acccessoires, aient été achevés dans l'espace de trois ans.

Non seulement les monumens publics de la Capitale, mais ceux des environs se trouvent décrits dans l'Almanach Parisien.

Pont de Neuilly : c'est un Pont magnifique qu'on a construit *tout récemment* sur la Seine, près de Neuilly ; on a choisi l'endroit qui va en ligne droite à la place de Louis XV ; ce bel édifice est d'après les

* Ou travaille actuellement à la rendre très-combustible.

deſſins de MM. Perronet & de Chezy, In-
génieurs des Ponts & Chauſſées de France.
Il a été commencé en 1768 ; il eſt compoſé
de cinq arches, ayant chacune cent-vingt
pieds d'ouverture, & trente pieds de hauteur,
ſous clef. Leur axe ſupérieur eſt formé par
un rayon de cent cinquante pieds ; on n'a
point connoiſſance qu'il ait été conſtruit
aucune arche avec pareille courbure, les
culées ont cinquante pieds d'épaiſſeur, les
piles treize pieds, les voûtes cinq pieds à
la clef, & quarante-cinq pieds de largeur
d'une tête à l'autre. Le 22 Septembre 1772,
le décintrement de ce Pont fut fait en préſen-
ce du Roi, aux coups de tambour, en moins
de cinq minutes, & à la vue d'un monde
prodigieux, &c.

Ces articles ſuffiſent pour faire connoître
l'Almanach Pariſien, qu'on peut dire être
à bien des égards intéreſſant, mais mal écrit.

ALMANACH PENSANT, ou Etrennes aux
Philoſophes.

Quidquid præcipies, eſto brevis. Hor. art. Poet.

A Paris, chez la Veuve *Ducheſne*, rue
Saint Jacques.

CET Almanach, un des plus utiles que
nous connoiſſions, peut paſſer, non-ſeule-
ment pour un Traité d'éducation complet ;

il eſt encore un Recueil de penſées ingénieu-
ſes, agréable & piquant, propre à faire
l'amuſement des bonnes ſociétés. Parcourons-
le rapidement : c'eſt le moyen le plus sûr
de le faire connoître.

La plupart des amis dégoûtent de l'amitié, & la plupart des dévots éloignent de
la dévotion. *La Rochefoucault.*

L'Amour eſt le Roi des jeunes gens & le
Tiran des vieillards. *Louis XII.*

L'argent eſt un bon ſerviteur & un méchant maître. *Bacon.*

La différence de réputation entre un
homme généreux & un miſérable, ne coûte
pas dans une année cent piſtoles bien em-
ployées. *Richardſon.*

Sentir un bienfait, c'eſt le rendre. *Sene-
que.*

La louange la plus flatteuſe pour une
jolie femme, c'eſt le mal qu'on lui dit de
ſes rivales. *J. J. Rouſſeau.*

A meſure qu'on a plus d'eſprit, on trouve
qu'il y a plus d'hommes originaux : les gens
du commun ne trouvent pas de différence
entre les hommes. *Paſcal.*

Deux femmes deviennent rarement amies,
ſi ce n'eſt au dépens d'une troiſieme ; elles
s'uniſſent entre elles comme les Rois de
l'ancien temps ſe liguoient entre eux ; ils
ſacrifioient quelque pauvre animal pour prélude de leur alliance ; de même deux fem-

mes, après avoir mis en pieces quelqu'une de leur sexe, s'unissent d'une vive amitié. *Pope*

La fortune est une femme de bonne maison qui se prostitue à des valets, *Epictete.*

Traitez les Grands comme le feu : n'en soyez jamais ni trop près ni trop loin. *Diogene.*

Le devoir des Juges est de rendre la Justice ; leur métier est de la différer ; quelques-uns savent leur devoir & font leur métier. *La Bruyere.*

Qui se fait plaindre sans raison, est homme pour n'être pas plaint quand la raison y sera. *Montagne.*

Nous pardonnons souvent à ceux qui nous ennuient ; mais nous ne pouvons pardonner à ceux que nous ennuyons. *La Rochefoucault.*

Les véritables Philosophes sont les seuls qui font de bon gré & de leur propre mouvement, ce à quoi la crainte des Loix porte les hommes ordinaires. *Aristippe.*

Heureux le Prince qui ne croit rien de ce que lui disent les Courtisans. *Cléobule.*

La sagesse est la santé de l'ame. *Socrate.*

Il ne faut jamais parler de soi ni en bien ni en mal ; celui qui se vante est un orgueilleux ; celui qui se rabaisse est un sot. *Aristote.*

La vertu des jeunes gens, c'est rien de trop. *Socrate.*

Nous ne pouvons trop recommander la lecture de cet Almanach, fait pour former également le cœur & l'esprit; il est de Mr de la Croix.

ALMANACH PLAISANT, ou Etrennes aux beaux Esprits.

Linque severa. Hor. Ode VIII. Liv. III.

A Paris, chez la Veuve *Duchesne*, rue Saint Jacques.

APRÈS avoir lu ces Etrennes, on est forcé d'avouer que le goût a dicté le choix des bons mots, des plaisanteries, des épigrammes qui les composent; l'Auteur, qui ne se fait pas connoître, est sûrement un homme de Lettres estimable, & non un de ces faiseurs d'Almanachs, dont les productions désavouées par l'esprit & par la raison, déshonorent la Capitale. Mettons nos Lecteurs à portée de penser comme nous.

Un mari se plaignoit de l'infidélité de sa femme; c'est un mal d'imagination, dit Santeuil, peu en meurent, beaucoup en vivent.

Un Jardinier d'Henri IV se plaignoit

devant le Duc d'Epernon, qui étoit Gascon, qu'il ne pouvoit rien faire venir dans tel terrein. Mon ami, lui dit le Roi, plantez-y des Gascons, ils prennent par-tout.

Un Evêque qui étoit demeuré court en Chaire, s'étant fait peindre, quelqu'un dit : il est si ressemblant, qu'on diroit qu'il prêche.

Un Négociant, à qui l'on faisoit signer le Baptistaire d'un de ses enfans, signa, *Pierre & Compagnie* ; il ne s'apperçut de sa distraction, que par la risée générale qu'elle excita.

Des Dames couvertes de fard & de rouge, demandoient à un étranger, ce qu'il pensoit des beautés françoises ; Mesdames, répondit-il, je ne me connois pas en peinture.

Parcourons la seconde partie, qui renferme des pieces de vers.

ÉPIGRAMME.

Huissiers, qu'on fasse silence,
Dit, en tenant Audience,
Le Président de * * !
C'est un bruit à tête fendre ;
Nous avons déjà jugé
Dix Causes sans les entendre.

BARATON.

QUATRAIN.

Au temps jadis, au siecle d'or,
Crosses de bois, Evêques d'or ;
Aujourd'hui qu'ont changé les Loix ;
Crosses d'or, Evêques de bois.

GUI-PATIN.

ÉPIGRAMME.

Riez, charmante jeunesse,
Des leçons que fait sans cesse,
Contre les tendres desirs,
La raison aux airs séveres ;
Eh ! sont-ce là ses affaires ?
Se connoît-elle en plaisirs ?

Madame DESHOULIERE.

AUTRE.

Courir de Maîtresse en Maîtresse,
Passer ses jours en Libertin,
Dans la continuelle ivresse,
Qui naît de l'amour & du vin,
Par les liqueurs de toute espèce,
Se brûler du soir au matin,

C'eſt, en terme de banque, eſcompter ſa jeuneſſe.

PANNARD.

MADRIGAL.

La Maîtreſſe du Cabaret,
Se devine ſans qu'on la peigne;
Le Dieu d'Amour ëſt ſon portrait,
La jeune Hébé lui ſert d'enſeigne;
Bacchus aſſis ſur un tonneau,
La prend pour la fille de l'Onde,
Même en ne verſant que de l'eau,
Elle à l'art d'enivrer ſon monde.

DE BERNIS.

ÉPIGRAMME.

Fille dont on veut ſe défaire,
Et que l'on fait bien habiller,
Eſt comme une pillule amere,
Qu'on a ſoin de dorer pour la faire avaler.

PANNARD.

IMPROMPTU.

*FAIT au Magasin de Porcelaines,
à Versailles.*

FRAGILES monumens de l'industrie humaine.
Hélas ! tout vous ressemble en ce brillant séjour,
L'Amitié, la Faveur, la Fortune & l'Amour,
Sont des vases de porcelaine.

BOUQUET.

CE Bouquet fut ceuilli par l'Amour ou sa mere ;
Il doit vous être présenté :
Les fleurs qui naissent à Cythere,
Doivent orner le sein de la beauté.

DE SAINT-JUST.

ÉPIGRAMME.

IRIS se plaignoit du tourment
Qu'elle avoit enduré dans son accouchement ;
Et contre l'Himen faisoit rage :
L'Himen n'avoit pas tort pourtant ;
Cette Belle sait bien qu'avant son mariage,
Elle en avoit souffert autant.

Le Ch. D'ACEILLY.

AUTRE.

Un jour Climene en mal d'enfant,
Crioit à pleine tête ;
Et son mari triste & dolent,
Pleuroit comme une bête.
Tout beau ! tout beau ! Ne pleurez pas,
Dit la fine Climene,
Car, par ma foi, vous n'êtes pas
La cause de ma peine.

AUTRE.

En France on fait, par un plaisant moyen,
Taire un Auteur, quand d'écrits il assomme ;
Dans un fauteuil d'Académicien,
Lui quarantieme, on fait asseoir mon homme,
Lors il s'endort & ne fait plus qu'un somme,
Plus n'en avez phrase ni madrigal,
Au bel Esprit ce fauteuil est en somme ;
Ce qu'à l'Amour est le lit conjugal.

PIRON.

ALMANACH DE PERTE ET DE GAIN, suivi d'un extrait des jeux les plus connus en France, par ordre alphabétique, & d'un Agenda.

> Le jeu rassemble tout ; il unit à la fois
> Le turbulent Marquis, le paisible Bourgeois.

A Paris, chez la Veuve *Duchesne*, rue Saint Jacques.

CET Almanach de perte & de gain n'est autre chose que du papier blanc ; l'agenda est du papier blanc encore, & pour le faire acheter, on a imaginé un extrait des jeux, insuffisant pour ceux qui voudroient les apprendre ; aussi l'Auteur a-t-il soin de renvoyer sans cesse à l'Académie des jeux.

LE DOUBLE ALMANACH de poche, contenant plusieurs gentillesses curieuses & récréatives.

A Bruxelles, chez *Jean Leonard*.

IL ne nous a pas été possible de deviner ce titre de double Almanach, qu'on devoit plutôt nommer simple & très-simple, quant à la forme, il fait à peine la quatrieme partie des Almanachs ordinaires ; & quant à la matiere, cinq à six anecdotes pillées dans les gazettes & dans les livres les plus connus, forment ce que le sieur Jean Leonard appelle *plusieurs gentillesses curieuses & récréatives.*

Un Seigneur ayant envoyé deux flacons d'argent à Thomas Morus, Chancelier d'Angleterre, afin de l'avoir pour favorable dans un procès dont il étoit juge, Morus qui avoit beaucoup d'intégrité, commanda à son Sommelier de remplir ces deux flacons du meilleur vin de sa cave, & les envoya à ce Seigneur, disant à celui qui les avoit apportés, qu'il fît savoir à son Maître que tout le vin de sa cave étoit à son service.

A l'occasion de la derniere presse en Angleterre, on raconte une anecdote qui pouvoit avoir des suites terribles, mais qui n'a été que plaisante. Une centaine de jeunes gens des deux sexes, de Salt - Coats, en Écosse, s'étoient assemblés pour danser toute la soirée, le Capitaine des Enrôleurs, imagina de profiter de la circonstance pour faire ce qu'il appelloit un beau coup de filet ; il demanda main forte à un Régiment voisin & il investit la maison ; les garçons se voyant pris, & jugeant bien qu'on ne tarderoit pas à enfoncer les portes, quoiqu'elles fussent

barricadées, demanderent un pour-parler ;
leurs propofitions furent que toutes les
femmes auroient la liberté de fortir, promettant que fi elles étoient traitées avec
les égards convenables, & maîtreffes de
s'en aller fans être fuivies ni infultées, ils
fe rendroient à difcrétion ; on leur donna
parole. Toutes les femmes fortirent en effet,
mais quelle fut la furprife des Officiers,
quand ils virent qu'ils avoient été dupés,
que c'étoient les garçons revêtus des habits
de filles, qu'ils avoient laiffé échapper, &
qu'ils n'avoient pour recruter le Régiment
que des femmes en habits d'hommes, qui
fe moquerent tout-à-fait d'eux.

Nous nous hâtons de terminer ici l'extrait
du double Almanach de poche ; car encore
une ou deux citations, & nous l'aurions
copié tout en entier.

ALMANACH DES BATIMENS. Ces étrennes font utiles pour les perfonnes de bâtimens ou ceux qui veulent bâtir. On y trouve
les noms & demeures des Architectes du
Roi & de fon Académie Royale d'Architecture, des Architectes experts, ainfi que des
experts Entrepreneurs, des Greffiers des
bâtimens, des Officiers de la Chambre des
bâtimens, fiégeant au Palais, des Toifeurs,
des

des Maîtres Maçons, des perfonnes char-
gées de l'adminiftration des carrieres de
pierres & de plâtre, des Carriers à pierre
des Plaines des Capitaineries des Varen-
nes du Louvre & des Tuileries ; des Carriers à plâtre, Carriers à glaife, Carriers à
blanc-d'Efpagne, des Fumiftes, des Char-
pentiers, des Marchands de bois de char-
pente & de menuiferie, des Couvreurs, des
Serruriers, des Menuifiers, des Tourneurs
en Architecture, tant en pierre qu'en bois,
des Plombiers, des Fondeurs, des Pompiers,
des Machiniftes, des Peintres en bâtimens,
des Sculpteurs, des Sculpteurs Marbriers,
des Vitriers, des Carreleurs, des Paveurs,
du Bureau des Vuidanges, &c. &c. le tout
par ordre alphabétique, avec un Calendrier
Journalier.

ALMANACH BIENFAISANT, ou Etrennes
aux belles ames.

Imperat aut fervit collecta pecunia cuique.

Horace. Ep. X. Liv. I.

A Paris, chez la Veuve *Duchefne*, rue
Saint Jacques.

DANS l'avertiffement que donne l'eftima-
ble Auteur de ces Etrennes, on reconnoît

F

la bonté de son ame , & la douceur de son caractere. « Chaque siécle , dit-il , a ses vertus particulieres ; le nôtre préconise l'humanité , la bienfaisance. Elles sont aujourdhui dans toutes les bouches ; encore quelques années , elles seront dans tous les cœurs. » Si l'égoïsme fait des progrès rapides , cherchons à l'arrêter & à faire connoître sa bassesse , par cette même bienfaisance dont nous avons tant de modeles & des modeles illustres. Peut-on être véritablement heureux , si ceux qui nous approchent , qui nous environnent ne le sont pas ? Cette réflexion n'a pas besoin de commentaire. Tâchons donc , par des exemples , d'inspirer ces nobles sentimens , ou plutôt cherchons à les entretenir , à les fomenter : ils sont naturels.

Nous ne pouvons trop inviter à lire le recueil que nous annonçons. C'est un vrai présent que nous a fait l'Auteur , sous le titre d'Almanach ; il est bien écrit , & tous les traits dont il fait mention , sont choisis avec goût ; il en est un grand nombre qui sont de nature à émouvoir l'ame , & à la lecture desquels on ne peut refuser des larmes de tendresse. Citons-en quelques-uns au hasard.

Le Maréchal de Brissac qui , sous les Rois François - premier & Henri II , fut l'honneur de sa maison , & l'un des plus grands Capitaines de son siécle, étoit aussi généreux que brave. Après une longue guerre, les soldats réformés n'ayant plus d'asyle, se voyoient réduits à devenir brigands, ou à mourir de misere; la plupart s'adresserent au Maréchal, pour demander si au moins on ne leur indiqueroit pas où ils auroient du pain. Chez moi, répondit Brissac, chez moi, tant qu'il y en aura.

Des Marchands qui avoient fourni l'armée, le sollicitoient pour qu'il les fît payer. Brissac, outré de la négligence de la Cour, vendit sa vaisselle & ses meubles. Madame la Maréchale arrive avec vingt mille écus qu'elle avoit amassés pour la dot de sa fille. Brissac fit venir les Marchands & les lui présenta; Madame, lui dit-il, voilà des gens qui ont sacrifié leur fortune sur mes promesses: on ne les paie pas à la Cour; remettons à un autre temps le mariage de Mademoiselle de Brissac, & donnons à ces malheureux l'argent destiné pour sa dot. La Maréchale y consentit. Quel trait! Quelle noblesse!

Ce Général étoit adoré de ses soldats. Aussi se trouvoit-il en danger, Il n'y en avoit aucun qui ne se mît au-devant de lui pour le secourir & recevoir les coups qui pourroient lui être adressés. Brissac, attendri, leur disoit: Eh quoi! mes bons amis,

vous voulez donc que je vous doive toute
ma gloire , & que je ne fasse qu'aider à
votre courage ? Ils répondoient par mille
cris de *vive Brissac* ! & les Officiers alloient
lui baiser les mains.

Un pauvre cultivateur des environs d'Am-
boise laisse, par sa mort , une femme dans
la misere & quatre enfants. La femme
tombe malade & suit son époux au tombeau. La famille s'assemble & se partage
les plus âgés des enfants : mais personne ne
veut du quatrieme , âgé seulement de quatre
mois. On députe un des parents, pour consulter sur ce qu'on avoit à faire , un Ecclésiastique vertueux qui , dans un château
voisin , élevoit deux jeunes Seigneurs. L'Ecclésiastique ne voit d'autre ressource que d'envoyer le malheureux à l'Hôtel-Dieu de Blois,
ou aux Enfants-Trouvés de Tours. Mais
un de ses éleves , âgé d'environ douze ans ,
s'écrie : oh non ! non ! je m'en charge : allons
le voir. Je sacrifierai tous mes menus plaisirs , & mon papa ne me laissera pas manquer. Partons. On court. On arrive à la
cabane. On trouve l'enfant. Il tend ses petits bras vers son bienfaiteur. On eût dit
que le Ciel le lui désignoit. Le jeune homme
l'embrasse avec transport, & dit aux plus
proches parents : N'ayez plus d'inquiétude , je
m'en charge ; il est à moi. Cherchez une
nourrice dans le voisinage ; je veux veiller

à ſes beſoins. En effet, depuis ce temps, il en fit une de ſes occupations, & lui fournit tout ce qui lui étoit néceſſaire avec cette joie douce & pure qui accompagne la bienfaiſance.

Un jeune homme, placé à l'Ecole royale militaire, ne mangeoit que de la ſoupe & du pain ſec avec de l'eau. Le Gouverneur, averti de cette ſingularité, l'en reprit ; mais en-vain. M. Paris Duverney le fit venir, & après lui avoir doucement repréſenté qu'il falloit éviter toute ſingularité, & ſe conformer à l'uſage de l'Ecole, voyant que cet enfant ne s'expliquoit pas, fut contraint de le menacer de le rendre à ſa famille. Hélas! Monſieur, dit alors le jeune homme, puiſque vous vou-lez ſavoir la raiſon de ma façon d'agir, la voici : chez mon pere, je mangeois du pain noir & en petite quantité. Nous n'avions ſou-vent que de l'eau à y ajouter. Ici je mange de bonne ſoupe. Le pain y eſt bon, blanc & à diſcrétion. Je trouve que je fais grande chere ; & je ne puis me déterminer à manger davantage par l'impreſſion que me fait le ſouvenir de l'état de mon pere & de ma mere. M. Duverney ne put retenir ſes larmes par la fermeté & la ſenſibilité qu'il trouvoit dans cet enfant. Monſieur, reprit-il alors, M. votre pere ayant ſervi a ſans doute quel-que penſion. Non, répondit l'enfant. Pen-dant un an, il en a ſollicité une. Le défaut

d'argent l'a contraint d'en abandonner le projet, & pour ne pas faire de dettes à Verfailles, il a mieux aimé languir. -- Eh bien,
fi le fait eft auffi prouvé qu'il paroît vrai dans
votre bouche, je promets de lui obtenir cinq
cents livres de penfion. Recevez pour vos
menus plaifirs ces trois louis que je vous
préfente de la part du Roi. Et quant à M. votre pere, je lui enverrai d'avance les fix
premiers mois de fa penfion que je fuis
affuré de lui obtenir. -- Monfieur, comment
pouvez-vous lui envoyer cet argent ? -- Ne
vous inquiétez point, nous en trouverons le
moyen. -- Ah! Monfieur, puifque vous en
avez la facilité, remettez lui auffi les trois
louis que vous venez de me donner : ils me
font inutiles. J'ai tout en abondance dans
cette maifon, & ils feront grand bien à
mon pere pour fes autres enfants.

Qui n'auroit pas l'ame émue d'un trait
fi touchant ! On ne peut trop remercier
l'Auteur d'avoir mis au jour de femblables
étrennes, où tout refpire le fentiment, l'humanité, la bienfaifance.

ALMANACH DE VERSAILLES, contenant
la defcription de la Ville, du Château, du
Parc, la Maifon du Roi, celles de la Reine
& de la Famille Royale, les Bureaux des

Miniſtres, la Prévôte de l'Hôtel, le Gouvernement de la Ville, &c.

A Verſailles, chez *Blaiſot*, Libraire du Roi & de la Reine.

Ce titre, que nous avons trouvé parfaitement rempli, nous tiendra lieu d'extrait. Il ſuffit de dire que l'Almanach de Verſailles peut donner aux Etrangers & aux François même une idée du magnifique ſéjour de nos Souverains.

ALMANACH DE LA REINE.

L'Auteur a cherché à faire l'éloge de la Reine; il fait parler les mois de l'année, les ſignes du zodiaque, les élémens, les ſaiſons, les âges, les planettes, &c. a-t-il réuſſi? C'eſt la queſtion.

Air : *la Rareté*

François célébrons tous d'une adorable Reine
la bonté;
Elle eſt belle, elle eſt ſage; & n'en eſt pas plus vaine,
la rareté!
D'un hémiſphere à l'autre elle excite ſans peine
la curioſité.

AIR : *De la Musette de Desbrosses.*

De tous les cœurs elle reçoit l'hommage ;
A son nom seul chacun est enchanté,
Des plus beaux dons c'est le rare assemblage,
C'est le portrait de la Divinité.
Pour le bonheur d'un Prince auguste & sage,
Le ciel forma ses vertus, sa beauté,
Et de l'Hymen il leur accorde un gage, *
Qui met le comble à leur félicité.

NOVEMBRE.
LA RENTRÉE.

AIR : *De mon Berger volage.*

Revenons à Lutece,
Ancien séjour des Rois ;
Une auguste Princesse,
Vient y briller par fois,
Chacun de nous s'empresse
De prévenir ses pas,
Et l'on voudroit sans cesse,
Contempler ses appas.

* Naissance du Dauphin, le 22 Octobre 1781.

ALMANACH DU SORT, chantant & amusant; à Paris, chez *Valade*, Imprimeur-
Libraire, rue des Noyers.

En général les Almanachs du sieur Valade, chantans & amusans & autres, sont
très-mal faits; on peut leur appliquer le
commencement d'un avis au lecteur, qui se
trouve à la fin de l'Almanach du Sort.

> Cher lecteur, vous n'ignorez-pas;
> Qu'il est d'assez sots Almanachs.
> Celui-ci ne pourra peut-être
> Avoir votre applaudissement, &c.

Le mot *peut-être* doit être absolument re-
tranché de ces quatre vers.

Après avoir lu l'Almanach du Sort, où
l'on ne trouve rien de gai, rien de piquant,
on est tenté de croire que l'Auteur a pris
à tâche de défigurer la poésie, par les fautes
grossieres dont son ouvrage fourmille. Il dit:
Page 14, n°. 12.

> De l'*envie* qui te domine
> L'on voit les effets sur ta mine..

Page 39, n°. 7.

> Femelle plus qu'exécrable;
> Quand, dis, monstre abominable

Le ciel pour nous pitoyable,
T'ôtera-t-il de ces lieux ?
Ton esprit de *vraie* Mégere..,

Page 44 , n°. 12.

Mais quel lutin vous domine,
Pour fans cesse quereller,
Contre *mari* & voisine,
L'on n'entend que vous crier.

Page 51 , n°. 4.

La paresse est ton partage,
Jamais rien tu ne feras,
Lise *aie* le cœur à l'ouvrage..,.

Mais si la versification de l'Almanach du Sort n'est pas brillante, peut-être y a-t-il de l'esprit dans les chansons. Elles sont toutes dans le goût de la suivante, par laquelle nous finirons cet ennuyeux extrait.

LE CURIEUX PAYÉ.

AIR : *Voulez-vous savoir qui des deux.*

Tu veux consulter le Destin,
Cher ami, tu le veux enfin,
Malgré moi, faut te satisfaire :
Je ne prédis rien au hasard,
En tout il est pour toi contraire,
Tes jours finiront par un hard.

Que de finesse! Quelle diction!

Almanach Turc, ou Tableau de l'Empire Ottoman, où l'on trouve tout ce qui concerne la religion, la milice, le gouvernement civil des Turcs, & les grandes charges de l'Empire, ainsi que les intrigues du férail.

A Paris, chez *Duchefne*, rue S. Jacques.

Cet Almanach est ancien. L'Auteur, quel qu'il soit, n'a pas eu d'autre peine que de copier mot pour mot l'ouvrage intitulé : *la Cour Ottomane*, ou *l'Interprete de la porte*, qui explique toutes les charges & les fonctions des Officiers du férail du Grand-Seigneur, de la Milice, de la religion de Mahomet & de la loi des Turcs, par le fieur A. D. S. M. ; chez *E. Loifon*, au Palais, dans la galerie des prifonniers, en 1673, avec privilege. Après avoir découvert le larcin, nous avons cru devoir en tirer parti, pour l'inftruction & l'amufement de nos Lecteurs.

Religion.

L'Empire Ottoman profeffe le mahométifme. L'Alcoran est le livre où cette religion est écrite. Il fert tout à la fois de Loi & d'Evangile aux Turcs. Ils ont une fi grande vénération pour ce Livre, qu'il y a eu des

Muſulmans punis de mort pour y avoir tou-
ché ſans s'être lavé les mains.

Les cinq articles fondamentaux de la
loi Mahométane ſont les Ablutions, la Priere,
le Ramazan ou la pâque, le Rarat ou l'aumône, & le Pélerinage de la Mecque.

1°. Il y a trois ſortes d'ablutions, ſuivant
les temps & les circonſtances, l'*Abdeſt*, le
Gouſt, le *Tabaret*. L'Abdeſt conſiſte à ſe
laver les mains & les bras juſqu'aux coudes,
les pieds, le front, le ſommet de la tête, les
oreilles, les dents, le viſage, le dedans du
nez, en tirant l'eau par les narines ; le gouſt,
à ſe baigner en entier, après avoir eu commerce avec une femme ; le Tabaret, à ſe
laver après les évacuations naturelles. On
ſupplée quelquefois à ces trois ablutions
avec de la terre ; mais c'eſt lorſqu'on ne
ſauroit faire autrement : car dès qu'on trouve
de l'eau on eſt obligé de ſe laver.

2°. A l'égard des prieres, elles ſont or-
données cinq fois en vingt-quatre heures ;
1°. entre le point du jour & le lever du
ſoleil ; 2°. à midi ; 3°. entre midi & le
ſoleil couché ; 4°. quand le ſoleil eſt couché ;
5°. à une heure & demie de nuit. Les prieres
ſont plus longues le Vendredi que les autres
jours, en commémoration de la fuite de
Mahomet, qui fut obligé de quitter la Mecque
pour ſe réfugier à Medine. On appelle cette
fuite Hégire. C'eſt par l'Hégire que l'on
compte les années en Turquie. Elle com-

mença le Vendredi 16 Juillet de l'an de
J. C. 622, dans la cinquante-cinquieme année de l'âge de Mahomet, qui naquit le
premier Mai 567, & mourut le 27 Septembre 629.

3°. L'obfervation du Ramazan eft un précepte de rigueur. Pendant ce temps, lorfque
le foleil eft fur l'horizon, on obferve le
jeûne le plus abfolu. On ne doit ni boire,
ni manger, ni fumer, ni fentir même des
odeurs. Il y a privation de tout plaifir. Mais
le foleil eft-il couché? les lampes des mof-
quées font-elles allumées? le jeûne eft fuf-
pendu : on paffe la nuit en feftins, en ré-
jouiffances.

4°. Accomplir le Rarat, c'eft faire l'aumône, & donner aux pauvres la cinquieme
partie de fon revenu. Les riches font en
Turquie ce qu'ils font ailleurs. Il femble que
ce précepte ne les regarde pas.

5°. Quoique la pauvreté, les charges de
l'Etat & le fervice du Prince puiffent exemp-
ter du voyage de la Mecque, il y a tous
les ans plus de cinquante mille Turcs qui
font ce pélerinage On fe raffemble fur le
mont Arefat, où l'on fait un facrifice en
mémoire de celui d'Abraham. Le plus con-
fidérable des Pélerins s'appelle Souracmini.
Il eft nommé par le Grand-Seigneur pour
porter tous les cinq ans cinq mille fequins,
un alcoran couvert d'or & un tapis de drap
noir que Sa Hauteffe envoie pour couvrir

l'extérieur du Temple. L'ancien est déchiré par morceaux & emporté par les uns & les autres comme Relique. Le chameau qui a porté l'Alcoran est exempt de travailler le reste de sa vie.

Les Turcs célèbrent différentes Fêtes. La principale est le Bairam, qui suit immédiatement le Ramazan, & qu'on peut comparer à la Pâque des Chrétiens. Le Bairam dure trois jours, que l'on passe en réjouissances. On se rend mutuellement des visites ; on se fait des présens. Les principaux Officiers qui sont à Constantinople vont dès les trois ou quatre heures du matin au sérail ; & à la pointe du jour, le Grand-Seigneur passe à cheval au milieu d'eux, & va faire sa prière à Sainte Sophie, qui est la principale Mosquée de la Ville. A son retour, il reçoit, assis sur son Trône, les complimens du Grand Visir & du Muphti, l'un à la tête des grands Officiers de l'Empire, l'autre des Prêtres & des Docteurs de la Loi.

Mariage.

Le mariage est regardé par les Turcs comme une chose sainte. Cependant les Prêtres ont peu de part à ce qui se pratique en cette occasion. L'affaire est traitée devant un Juge civil. La Loi permet jusqu'à quatre femmes à la fois ; mais elle donne la liberté d'avoir autant de concubines qu'on peut en nourrir. Et les enfants qui proviennent des Esclaves font autant confidérés que ceux qui naissent des épouses, pourvu néanmoins que le pere ait déclaré ceux-là libres dans son testament : sans cela ils sont aussi réduits au nombre des esclaves.

Ministres de la Religion.

Le Muphti est le chef de la Religion Mahométane. Il est l'oracle de la Loi ; & son autorité est si grande, que quand il a décidé une chose, le Grand-Seigneur lui-même ne peut s'y opposer. Sa Hautesse le consulte dans toutes les affaires importantes. Cependant s'il arrive qu'il trouve un obstacle à ses desseins dans la personne de ce Ministre, il le dépose, en met un autre à sa place, ce qui se fait jusqu'à ce qu'il en trouve un qui s'accommode à ses intérêts.

Après le Muphti, c'est le Nakib, qui est le chef des Emirs. On appelle ainsi certains Turcs qui se disent parens de Mahomet. Ils portent le turban verd, qui est la couleur consacrée à leur Prophete. Ils sont fort confidérés, & jouissent de très-grands privileges. Ils ne peuvent être frappés qu'il n'en coûte la main droite à l'auteur du délit. Mais il y a par-tout des moyens d'éluder les loix. Un Turc rencontre-t-il un de ces Emirs qui fasse l'insolent, il ne se fait

point de scrupule de le bien battre après
ui avoir ôté son turban.

Les *Emaums* sont des Prêtres ou Curés,
ainsi que le signifie le mot, à qui l'on confie
la direction des Mosquées. Leur office est
d'appeller le peuple aux prieres, de le conduire dans les Mosquées, & de lire tous les
Vendredis quelques chapitres de l'Alcoran.
Le Muphti n'a aucune jurisdiction sur eux.
Chacun est indépendant dans sa Paroisse,
& n'est soumis qu'au Magistrat pour le civil
comme pour le criminel.

Forces de Terre & de Mer.

Le Militaire des Turcs a perdu beaucoup
de son premier éclat. Les forces de terre
sont diminuées, & celles de mer se trouvent
réduites à fort peu de chose. On distingue,
comme ailleurs, les Troupes de terre en infanterie & cavalerie. Celle-ci est la plus nombreuse. On fait monter l'Infanterie à cent
trente mille hommes en temps de paix, &
ce nombre double aisément en temps de
guerre. La Marine des Turcs est, comme
nous l'avons dit, dans un état pitoyable.
Les pertes qu'ils ont faites sur mer les ont
découragés. Ils n'ont presque plus que des
galeres ou des vaisseaux legers pour faire
des courses & transporter des Troupes &
des munitions dans leurs places maritimes.

Gouvernement, Justice & Police.

Le principal endroit où l'on rend la justice se nomme *Divan*. Il se tient quatre jours
la semaine. Le Grand Visir, & à son défaut,
l'Aga des Janissaires, préside au Conseil.
Il regne dans cet endroit le plus profond silence, ainsi que dans la Cour où il peut
y avoir sept à huit mille hommes. Le Divan assemblé, le Grand Seigneur se rend
quelquefois dans une autre salle peu éloi-
gnée, accompagné du chef des Eunuques
blancs, de son grand Chambellan & de
trois muets qui se tiennent derriere la porte,
prêts à étrangler ceux qu'il plaît à Sa Hautesse de condamner à mort. Lorsque l'Empereur est placé sur son Trône, on ouvre
la porte, ce qui sert de signal au Chef des
Janissaires pour aller rendre compte de sa
charge. Il traverse toute la cour accompagné de quatre de ses Capitaines. Quand il
est auprès de la porte, il se tourne vers eux
& se recommande à leurs prieres, afin que
le Grand Seigneur ne trouve rien à dire à
son administration. Les quatre Officiers s'en
retournent, & il entre seul. Si Sa Hautesse
juge qu'il ait fait quelque chose contre son
devoir, elle frappe du pied, & les trois
muets se jettent sur le pauvre Aga, & l'étran-
glent sans autre forme de procès ; ce qui
arrive si souvent, qu'il y a lieu de s'étonner

qu'on puisse trouver quelqu'un qui veuille accepter cette Charge. Le Grand Visir, le Tréforier, les autres Visirs vont aussi rendre compte de leurs actions, & ne sont pas plus exempts des muets que le Janissaire Aga.

On traite aussi dans le Divan des causes civiles qui sont de quelque importance. Un Secrétaire lit haut toutes les Requêtes, Dépêches, Ecritures, & on y fait droit suivant l'exigence des cas. Souvent le Grand Seigneur écoute tout ce qui s'y passe, au moyen d'une fenêtre qui donne dans son appartement, & qui est garnie d'un treillis couvert d'un crêpe noir.

Les Cadis sont les Juges ordinaires en Turquie. On peut appeller de leurs Sentences au Cadilesquer, qui est le grand Juge, pourvu que ce soit en matiere civile: car, pour le criminel, tout Cadi juge en dernier ressort. Cette justice si prompte, si rigoureuse est cause qu'il y a beaucoup moins de voleurs en Turquie que dans les autres Etats. Il n'y a ni Avocats ni Procureurs dans l'Empire Ottoman. Chacun plaide sa cause. Les plus grands procès ne durent pas plus de dix-sept jours, & souvent ils sont terminés en une heure. On ne connoît point les Huissiers. Le Cadi fait avertir. Si celui qui a reçu l'ordre manque à se trouver à l'Audience, on accorde par provision à sa Partie adverse tout ce qu'elle demande.

On ne sauroit trop admirer la police qui regne dans les marchés. Les Boucheries sont hors de la Ville, & on a soin d'y entretenir la plus grande propreté. Il y a même un Intendant pour veiller à ce qu'on ne vende que de la viande fraîche. Si par quelque malversation de sa part la viande renchérissoit, il seroit déchiré tout vif & mis en morceaux, qu'on exposeroit aux yeux du peuple.

Du Grand-Seigneur.

Le pouvoir du Grand-Seigneur est absolu & sans bornes. L'opinion des Turcs est poussée à cet égard jusqu'à l'idolâtrie. Ils le regardent comme un Dieu. La puissance absolue dans le Prince suppose une obéissance parfaite dans les Sujets. Aussi emploie t-on toutes sortes de moyens pour inspirer ce principe à ceux qui sont élevés dans le serrail, & que l'on destine aux grandes Charges. Il n'y a rien de plus glorieux que de mourir de la main du Prince. Heureux celui à qui cet avantage arrive. Il est porté aussitôt par les Anges au Paradis de Mahomet.

Serrail.

Le serrail est bâti sur une colline qui fait l'angle & le point de jonction des deux mers. C'est le premier objet qui se présente à ceux qui arrivent par mer à Constantinople. Les bâtimens occupent le haut de la colline, & les jardins font en amphithéâtre, & préfentent l'afpect le plus agréable, quoiqu prefque tous plantés en cyprès.

On appelle Sultanes les femmes de ce férail qui ont des enfans du Grand-Seigneur. Les autres font logées toutes enfemble dans de grands appartemens, & font exactement obfervées par des Eunuques noirs qui les puniffent féverement des moindres fautes. Là premiere gouvernante du ferrail fe nomme Kadan-Cahia. Elle a fous elle plufieurs autres gouvernantes qui reçoivent fes ordres. C'eft la Kadan-Cahia qui a la charge d'interroger toutes les filles qui entrent au férail, de leur enfeigner ce qu'elles ont à faire, de connoître leur efprit, leur caractere, pour en rendre compte au Grand-Seigneur. Ce Prince a pour l'ordinaire deux ou trois favorites qui logent dans des appartemens féparés, & auxquelles il s'en tient. Mais lorfqu'il veut faire quelque nouvelle amourette, il fait avertir la Kadan-Cahia, qui conduit toutes fes filles dans une grande galerie par laquelle paffe le Grand Seigneur, qui les examine, les confidere les unes après les autres, & choifit celle qui lui plaît en lui jettant un mouchoir pour gage de fon affection. Outre les filles qui demeurent dans le ferrail, & qui, fous certains Princes, montoient à quatre ou cinq cens ; tous les Grands de l'Empire qui ont de belles Efclaves fe font un honneur de les offrir à Sa Hautesse. C'est le moyen de parvenir aux grandes Charges. Il en vient aussi de Géorgie, de Circassie. Les anciennes sont reléguées au vieux serrail, où elles passent assez tristement leurs jours, à moins que quelque favori ne les demande en mariage.

L'AMI DU cœur, Etrennes galantes & chantantes, sur des airs nouveaux, connus & choisis, avec Orphée & Euridice, parodie nouvelle en Vaudevilles de l'opéra de ce nom, chez *Langlois*, Libraire, rue du Petit-Pont.

Cet Almanach renferme quatre ou cinq jolies pieces, & en général il n'est pas mal fait, chose assez rare dans la manufacture d'Almanachs du sieur Langlois.

ÉPITRE DÉDICATOIRE A UNE BELLE.

AIR : *Mais en est-il de même.*

On dédie un ouvrage
Le plus souvent,
Pour illustrer sa page
Du nom d'un Grand,
D'un plus doux avantage
Je suis flatté,
J'en consacre l'hommage
A la Beauté.

De la Beauté le charme
Est révéré,
Elle arme, elle désarme
Selon son gré:
Le cœur sous son empire
Est arrêté,
Tout l'Univers soupire
Pour la beauté.

Tel qui, plein d'ignorance,
Languit de faim,
Bientôt dans la finance,
A l'or en main,
Il monte avec audace
En dignité,
De qui tient-il sa place?
De la Beauté.

LE SANS SOUCI.

AIR : *Un joli petit chose.*

L'Ambition est un mal nécessaire,
Mais la borner est ce que l'on doit faire:
Pour moi la mienne est de vivre sans fin,
Avec de l'allégresse,
Une tendre Maîtresse,
Et du bon vin.

Au sort des Grands je porte peu d'envie;
Par les excès ils abrégent leur vie:
Bien plus heureux, j'ai l'esprit, le corps sain;
Avec de &c.

Des Médecins la secte est dangereuse,
Je sais braver leur science trompeuse;
Eût-on jamais besoin de Médecin,
    Avec de &c.

✦

De mon verger j'aime mieux la verdure;
Que des Palais les bronzes, la dorure;
L'utilité se trouve en mon Jardin,
    Avec de &c.

✦

L'Avare craint une triste indigence;
Mais il la trouve au sein de l'abondance:
Le peu que j'ai me procure sans fin,
    Avec de &c.

✦

Anacréon, cet Auteur admirable,
Jusqu'au tombeau jouit d'un sort semblable;
Couvert de fleurs il attendit sa fin,
    Avec de l'allégresse,
    Une tendre Maîtresse,
    Et du bon vin.

AIR A BOIRE.

Les jours du généreux Titus,
Se sont comptés par ses vertus,
A ce que rapporte l'Histoire.
Amis, contentons nos desirs;
Comptons nos jours par nos plaisirs;
Commençons aujourd'hui par boire,

Cet Almanach eſt terminé par une parodie
de l'opéra d'Orphée & Eurydice. On y trouve
pluſieurs traits ſatyriques contre les femmes. Tels ſont entre autres les ſuivans.
Mercure raconte comment Euridice a été
piquée par un ſerpent.

O R P H É E.

Air : *Prenez-en deux , prenez-en trois.*

Ah ! le malheureux accident !
Quoi mourir de la ſorte ?

M E R C U R E.

Le trait me ſemble aſſez méchant ;
Contre une femme hélas ! armer ſa dent !
Mais c'eſt ſerpent contre ſerpent,
Et le plus fort l'emporte,

O R P H É E.

Air : *Jardinier ne vois-tu pas.*

Mon cœur ſe ſent écorché,
Par ce coup qui l'accable,
Ma femme ſçut me toucher,
Et je m'en vais la chercher,
Au Diable, au Diable, au Diable:

Air : *Des Trembleurs.*

De Caron paſſons la Barque ;
Pour parler au noir Monarque,

Et

Et savoir pourquoi la Parque,
  M'enleve mes amitiés ;
Dans ces manoirs déteſtables,
Aſyle des miſérables,
N'eſt-il pas aſſez de Diables,
Sans prendre encor nos moitiés ?

LES A PROPOS DE SOCIÉTÉ.

Hos genuit occaſio cantûs.

Sur des airs choiſis ; à Paris, chez la veuve *Ducheſne*, Libraire, rue Saint Jacques.

LES *A propos* d'une Société particuliere ſont peu faits pour intéreſſer la Société générale. Ils tirent ordinairement tout leur mérite du jour, du moment, de la circonſtance, de la perſonne, du caractere ; & l'on pourroit ſe diſpenſer d'en gratifier le Public. Que lui importe en effet des *M. T.**** des *Mademoiſelle P*** des *Madame* *** & des *reproches d'une Maîtreſſe à ſon Amant, auquel on avoit donné le nom de Papillon ? & la réponſe de l'Amant aux reproches de ſa Maîtreſſe ſur le nom de Papillon ?* Mais on veut préſenter à deux ou trois perſonnes ſes couplets imprimés ; & l'on en fait payer les frais à ceux auxquels ils ſont le plus indifférens. Deux ſeuls de ees *A propos*, le VI.ᵉ & le XXIIIᵉ., peuvent trouver place dans notre recueil.

H

LE BON NATUREL.

Pour une jolie personne qui disoit qu'elle ne
pouvoit jamais se fàcher contre les hommes.

Air : *L'Amant frivole & volage.*

Pourquoi me gronder ma mere,
Sur l'excès de ma bonté ?
Faut-il donc être si fiere,
Pour quelques grains de beauté ?
Quand je vois d'un air si tendre,
Les beaux galans m'approcher,
Force est bien de les entendre,
Je ne saurois me fâcher.

Un jour Tircis au bocage,
Me demandoit un baiser :
L'honneur, lui dis je, m'engage ;
Tircis, à vous refuser ;
Au lieu d'un, le téméraire,
Sans pouvoir l'en empêcher,
En prît trois...Maman, qu'y faire ?
Je ne saurois me fâcher.

Un autre jour vient Philinte,
Qui me dit avec douceur :
Philis, n'ayez nulle crainte,
Je n'en veux qu'à votre cœur;
Mais bientôt, ma collerette,

Venant à se détacher,
Sa main s'y porte & s'arrête...
Maman, comment s'en fâcher ?

❉

A la Fête du Village,
Damis s'approche de moi.
Trop beau pour être bien sage,
Il me cause un doux effroi,
Je fuis dans une cachette ;
Bientôt il vient m'y chercher...
Il me rendit si muette,
Que je ne pus me fâcher.

❉

Il est vrai, je suis bonnasse ;
Mais le plaisir est si grand,
Que vous envieriez ma place,
Si vous l'éprouviez, maman.
L'Amour est un si doux Maître,
Il sait si bien nous toucher,
Que, lorsqu'il nous prend en traître,
Il nous prend sans nous fâcher.

━━━━━━━━━━

LE BAISER.

*Ou l'assemblage des contrastes, imité du
Cavalier Marin.*

AIR : *Tircis couché près d'un ruisseau,*

BAISER ravissant & cruel,
Tu donnes la mort & la vie,

Tu joins l'abfinthe avec le miel ;
Et les poifons à l'ambroifie,

Le plaifir, fuivi du tourment,
Eft fous les fleurs où tu repofes ;
On y rencontre, *en les ouvrant*,
Bien plus d'épines que de rofes.

Baifer, tu n'eft pas fans fraîcheur ;
Mais de tes feux l'ame épuifée,
N'a, pour foulager fon ardeur,
Que quelques goutes de rofée.

Seul caufe de l'embrâfement,
Dont je ne ceffe de me plaindre,
Ce n'eft qu'en te multipliant,
Baifer, que tu pourras l'éteindre.

L'ASTRONOMIE GALANTE, érrennes au
beau fexe, contenant une explication allégorique des planettes, des fignes du zodiaque & des faifons en chanfons, & fuivies
de vaudevilles & ariettes, fur les airs les
plus connus.

Les Belles lifent mieux dans les yeux d'un Amant ;
Que l'Aftronome expert ne lit au firmament.

A l'Obfervatoire, & fe trouve à Paris,

chez *Cailleau*, Imprimeur - Libraire, rue Saint-Severin.

Pour faire connoître cette explication des signes, des saisons, &c. nous croyons qu'une chanson doit suffire.

L'AUTOMNE.
LES VENDANGES.

AIR : *Monseigneur, vous ne voyez rien.*

CHERS amis réjouissons-nous,
Que la vendange est abondante !
Dans un océan de vin doux.
Nage la gaieté sémillante.
Ecartons au loin les jaloux,
Qu'Amour va faire de bons coups !
   Foulons, foulons tous ;
Est-il un plaisir plus doux !

Sur leurs chantiers que ces tonneaux,
Soient placés d'une main prudente ;
Visitons douves & cerceaux,
De peur que le vin ne s'évente ;
Puissions-nous d'un nectar si bon,
Les voir emplis jusqu'au bondon !
   Foulons, foulons tous,
Est-il un plaisir plus doux !

Pour le vieillard & pour l'amant ;
Ah ! que ce breuvage a de charmes !

A l'un il rend le sentiment,
Et de l'autre il tarit les larmes ;
Oui notre cuve est un tréfor,
Préférable à des monceaux d'or.
Foulons, foulons tous,
Est-il un plaisir plus doux !

✳

Mais j'apperçois dans ce réduit,
Tonton qui revient de la vigne ;
Elle fort, l'Amour qui la fuit,
Du doigt me fait un certain signe.
Amis, je vous quitte un moment,
Chez Tonton je cours promptement.
Foulons, foulons tous,
Est-il un plaisir plus doux !

———

Nous avons trouvé du naturel & de la gaieté dans les couplets suivans.

LE RÉVEIL D'ANNETTE.

AIR : *Dodo, la Dodo.*

HIER à l'ombre d'un ormeau,
Repofoit la charmante Annette ;
Lubin, s'échappant du Hameau.
Découvre bientôt la cachette :
D'Annette admirant les appas,
En foupirant, il dit tout bas,
Dodo, la dodo,
L'enfant dormira tantôt.

✳

Le plaisir que goûtent ses yeux,
Passe & se répand dans son ame ;
Il croit que le bonheur des Dieux
Est moins séduisant que sa flame ;
Quel sommeil ! qu'il flatte un Amant!
Il s'approche, & dit doucement :
　　Dodo, la dodo,
　L'enfant dormira tantôt.

Des fleurs dont il avoit fait choix,
Il veut parer sa gorgerette.
Le sot Lubin craint cette fois
De réveiller sa chere Annette ;
Peut-être elle se fâcheroit,
Peut-être elle s'échapperoit,
　　Dodo, &c.

＊

Enfin il place le bouquet,
Sans que la bergere s'éveille.
Que son plaisir seroit parfait,
Si sur cette bouche vermeille,
Il déroboit un doux baiser !
Mais aussi quel risque à l'oser ?
　　Dodo, &c.

＊

Tandis qu'en cet heureux moment,
Mal-à-propos Lubin balance,
Annette fait un bâillement,
Qui met son Amant tout en transe :
Ouvrant les yeux malignement,
Elle répete en souriant ;
　　Dodo, &c.

＊

Elle se leve brusquement,
C'est envain que Lubin l'arrête ;
Envain, lui dit il tristement,
Pourquoi me fuyez-vous Annette ?
D'un air badin, mais peu content ;
Elle s'en va tout en chantant :
  Dodo, la dodo,
 L'enfant dormira tantôt.

***

Balivernes amoureuses , dédiées aux Acheteurs, pour la présente année.

A Cythere , & se trouve à Paris, chez *Valade* , rue des Noyers.

Le titre n'est pas imposant ; aussi l'Auteur a-t-il eu l'art de fournir des pieces qui y répondent ; voici deux couplets qui sont ce qu'il y a de mieux dans tout l'Almanach.

LA DOUBLE PERTE.

Air : *De tous les Capucins du monde.*

Cadet n'est plus : c'est grand dommage
Ce chat, qui m'aimoit à la rage,
  Dimanche au matin décéda,
Aujourd'hui mardi, Catherine,
Pour ne plus revenir, s'en va.
Ah ! ce double coup m'assassine.

❉

On

On trouve aſſez de Cuiſinieres,
Et de chats on n'en manque gueres,
Mais la perte hélas ! que je fais,
Troubleroit de moins foibles têtes ;
Non, non , je n'oublierai jamais,
Qu'en trois jours j'ai perdu deux bêtes.

LE BIJOU DES DAMES, Étrennes Aſtro-
logiques , alphabétiques , critiques , morales
& chantantes , ſur des airs connus & choiſis,
par M. D. V. D.

A Londres , & ſe trouve à Paris , chez
Langlois , Libraire , rue du Petit-Pont.

Eſt-ce fureur d'écrire , eſt-ce beſoin de
vivre qui force M. D. V. D. à nous inon-
der de tant de mauvais Almanachs ? Eſt-ce
l'avidité d'un gain ſordide , qui le décide à
les faire imprimer ? En effet tous les ans il
en remplit la boutique du Libraire qui
veut bien l'écouter. Dans le grand nombre de ces productions éphémeres, il n'y en a
aucune qui mérite attention. Ce ne ſont
en général que des rapſodies de mauvaiſe
proſe rimée , ſans goût, ſans eſprit, ſans
délicateſſe.

Sunt verba & voces , prætereaque nihil.

I

Ne croyez point que ce que nous avan‑
çons soit la suite d'une mauvaise humeur,
ou d'un pur caprice. Prenez, lisez & jugez.

On choisit une lettre de l'Alphabet, suivant
sa classe, homme ou femme, garçon ou
fille. La lettre C, par exemple, & sur le
compte de la femme, on lit ces misérables
vers.

> Votre Epoux a bon pied, bon œil,
> Et vous trouvez que c'est dommage.
> Quoique vous lui fassiez acceuil,
> Et que vous sembliez vivre sans nul ombrage;
> Vous desirez un prompt veuvage,
> Il vous desire un prompt cercueil,

Peut-on imaginer rien de plus pitoyable ?

LE BON JARDINIER, Almanach pour
l'année 1782, contenant une idée générale
des quatre sortes de jardins & les regles
de la culture des plantes, arbres, arbrisseaux
d'utilité & d'ornement. Nouvelle édition
augmentée d'un Précis sur la culture des
ananas &de deux supplémens, par M. de
Grace, Amateur & Cultivateur, avec une
Introduction à la connoissance des plantes,
par M. *Verdier*, Instituteur & Médecin.

A Paris, chez *Omfroy*, Libraire, rue du Hurepoix.

Que l'Auteur se prévale, par le débit, de la bonté de son Ouvrage, on ne sauroit empêcher cette petite gloriole. Pour nous, nous ne pouvons nous dispenser de dire que cet Almanach est mal fait, & que la plupart des principes en sont peu exacts & remplis d'erreurs.

M. de Grace considere quatre sortes de jardins : 1°. Le jardin de propreté & d'ornement ; 2°. le jardin fruitier ; 3°. le jardin potager ; 4°. le jardin de fleurs. On peut en ajouter un cinquieme, dit il, qui est celui des simples, mais dont il n'a point parlé.

Vous croyez peut-être qu'une telle division vous fera connoître tout le jardinage, ou qu'au moins vous aurez une idée précise de chacun de ces jardins ? Point du tout. Les renseignemens pour le jardin de propreté contiennent à-peu-près une page, encore n'y parle-t-on que de la tonte & de l'élaguement des arbres.

Le jardin fruitier, dit l'Auteur, est celui où l'on cultive les arbres qui portent le fruit, comme les pêchers, les poiriers, les abricotiers, les pruniers, les cerisiers & autres. On traite de la plantation, de l'exposition des arbres, de la taille, de la greffe, &c. ; des petits fruits, des fruits à noyau, à pepins, & notamment des poires, pommes & raisin, &c.

Dans la troisieme divifion, après avoir lu 35 pages, on n'eft ni plus favant, ni plus fatisfait fur ce qui concerne le jardin potager.

La quatrieme divifion contient le jardin à fleurs ; mais de la maniere dont il eft difpofé, ne croyez pas qu'on y puiffe faire une grande récolte. On apprendra feulement que la feuille de l'arbre de Sainte Lucie, mife dans le cul d'une perdrix, lorfqu'on la met à la broche, lui donne un excellent fumet. Vous y trouverez un grand nombre d'erreurs. On y fait femer les lys, pour abreger l'opération d'élever ces fleurs. En parlant de la deffication des fleurs, pour les conferver dans leur forme naturelle, on cite la rofe, dont les couleurs s'alterent par la deffication ; & pour la faire revivre, il fuffit, dit-on, de l'expofer à la vapeur du foufre. Qui ne fait cependant que, pour faire perdre les couleurs d'une rofe & la rendre blanche, de rouge qu'elle étoit, il faut la paffer fur du foufre enflammé ? Il y a beaucoup d'autres fautes que nous pourrions relever ; mais en voilà affez pour faire connoître qu'on ne doit pas regarder comme Oracle tout ce que dit le *bon Jardinier.*

CALENDRIER DES ANECDOTES, ou choix des faits finguliers arrivés pendant l'année ;

& des plus agréables Anecdotes tirées des Livres nouveaux.

A Geneve, & fe trouve à Paris chez *le Jay*, Libraire.

Les découvertes les plus importantes à l'humanité, les traits de bienfaifance qui lui font le plus d'honneur, & les phénomenes les plus finguliers de Phyfique & d'Hiftoire naturelle : voilà ce que l'Auteur de ce Calendrier préfente au Public en affez mauvais ftyle. Il a compilé, tant bien que mal, des Journaux, des Gazettes, des Livres. Hâtons-nous de le faire parler : nous en ferons plutôt quittes.

Londres, 17 *Mars* 1775. Un vieillard, prefque centénaire, pere de douze enfans, tous foldats, & qui n'ont que leur folde pour vivre, fait le fujet des converfations de Londres. En effet, les douze enfans obtinrent un congé, dont ils profiterent, pour venir voir leur pere, qu'ils trouverent manquant de pain. *Point de pain*, s'écria l'un, *& avoir donné douze Défenfeurs à la Patrie !* Il faut que notre bon pere foit affifté. Mais comment ? n'y a-t-il pas un Lombard ! ici, dit le plus jeune, après un moment de réflexion ? — Un Lombard : qu'en ferionsnous ? Avons-nous quelque chofe à y porter ? On ne prête rien fans fûreté. — Nous n'avons rien , reprit le jeune homme ? vous allez voir. Mon Pere a été. Tailleur. Il a exercé long-temps ce métier. Il meurt de faim ; cela prouve sa probité. Nous sommes tous au service depuis quelques années. Personne ne peut nous reprocher la moindre chose contre l'honneur. Mettons cet honneur en gage. On nous confiera bien 50 liv. sterlings sur ce dépôt. Cette idée fut approuvée unanimement , & les freres écrivirent & signerent tous ce billet. » Douze » Anglois , fils d'un Tailleur, réduit à la plus » grande pauvreté , à l'âge de prés de cent » ans , servant tous douze le Roi & la Pa- » trie avec zele, demandent à la direction » du Lombard la somme de 50 liv. sterlings » pour soulager leur infortuné pere. Pour » sûreté de cette somme, ils engagent leur » honneur , & promettent le remboursement » dans le terme d'une année. « Ils furent porter ce billet à la direction du Lombard , & allerent eux-mêmes en chercher la réponse. Elle fut favorable. On leur donna les 50 liv. sterlings. On déchira le billet, & on promit de fournir aux besoins du vieillard pendant sa vie.

CALENDRIER INTÉRESSANT, ou Almanach physico-économique , contenant une Histoire abrégée & raisonnée des indictions qu'on a

coutume d'inférer dans la plupart des Calendriers ; un Recueil exact & agréable de
plusieurs opérations physiques, amusantes &
surprenantes qui mettent tout le monde à
portée de faire plusieurs secrets approuvés,
utiles à la société, &c. ; par M. S. D.

A Bouillon , aux dépens de la Société Typographique.

C'est avec raison qu'on donne à ce Calendrier l'épithete d'*Intéressant*. Il est fait
pour intéresser les Curieux, les Artistes, les
Savans même , & sur-tout les amis de
l'humanité. Nous ne dirons rien du *Précis
historique du Calendrier*, Précis très - bien
fait & très-instructif, & nous passons tout
de suite aux secrets utiles & récréatifs.
Secret de colorer le marbre & de le pénétrer de la teinture desirée, à plus d'un pouce
d'épaisseur. Le célebre P. Kirker est un des
premiers qui en ait senti tout le prix. Il en
donne quelques procédés ; mais ses moyens
ne remplissent pas assez le but. Les Tran-
sactions philosophiques de 1701 sont dans
le même cas. Mais M. du Fay, habile Chi-
miste , ancien Intendant du Jardin du Roi,
en a développé les mysteres , & les a trou-
vés dans les dissolutions métalliques, dans
de certaines matieres huileuses & quelques
teintures à l'esprit-de-vin.

Dissolutions métalliques.

1°. La dissolution d'argent, par l'inter-
mede de l'acide nitreux, communément appellé *Eau forte*, pénetre le marbre à la pro-
fondeur d'un pouce, & lui donne une couleur tirant sur le pourpre. Cette couleur
varie ensuite, devient brune & ne change
plus.

2°. Une dissolution d'or, faite par l'in-
termede de l'eau régale, pénetre un peu
moins, & lui donne une couleur violette très-
fine.

3°. La dissolution de cuivre, par l'acide
nitreux, donne une couleur verte qui pénetre moins que les précédentes.

4°. La rouille de fer forme une assez belle
couleur jaune qui pénetre profondément. Il
faut lire dans l'Ouvrage même les procédés
qui résultent des matieres huileuses & des
teintures à l'esprit-de-vin.

Nous passerons sous silence l'article des
différens vernis, & nous nous contenterons
de celui qui empéche les rayons du soleil
de pénétrer le verre sans en ôter la diapha-
néité & transparence. Les rideaux, direz-
vous, les jalousies peuvent suppléer à l'in-
convénient de la trop grande lumiere. Il est
vrai ; mais ces mêmes rideaux se sentent de
l'activité des rayons, & d'ailleurs ils nous
privent de voir ce qui se passe au-dehors,

ainſi que les jalouſies. Le moyen d'obvier à ces inconvéniens eſt intéreſſant & bien ſimple. Pulvériſez de la gomme adragant ; mettez-la diſſoudre pendant vingt-quatre heures dans des blancs d'œufs battus. Frottez - en le verre avec une broſſe très-douce.

L'Auteur fait mention d'un fait extraordinaire qui eſt inſéré dans le Journal Encyclopédique du mois de Mars 1773. Un homme & une femme des environs de Nogent le Rotrou ayant été mordus par un chien enragé , tomberent dans la plus cruelle hydrophobie. Peu de temps après , ils eurent un bon intervalle. Ils ſe douterent qu'on alloit les lier , & pour s'y ſouſtraire , ils allerent ſe cacher dans un grenier où il y avoit un tas d'oignons , ſur lequel ils ſe coucherent. Quelque temps après , un nouvel accès de rage les prit. Soit le beſoin , ſoit indication de la nature ou fureur , ils ſe mirent à manger de ces oignons , & ils furent guéris ; & aujourd'hui même ils jouiſſent d'une bonne ſanté.

Étrennes Bachiques , ou les plaisirs de la table, Almanach chantant.

Boire, chanter, aimer & bonne table,
Pour un mortel quelle vie agréable !

A Cocagne, & à Paris, chez *Cailleau*, rue Saint Severin.

Il y a de la gaieté dans ces Etrennes ; beaucoup de gens y trouveront un préservatif agréable contre la mélancolie & l'ennui.

LES EFFETS DU VIN.

Air : *C'est la fille à Simonette.*

Damis est une pécore,
Tant que Damis est à jeun :
S'il parle, il rougit encore.
Et n'a pas le sens commun :
Mais qu'une pinte le guide,
Il jase, il badine, il rit.
C'est ainsi qu'au plus stupide,
Le vin donne de l'esprit.

BACCHUS VAINQUEUR DE L'AMOUR.

AIR : *Au fond de mon Caveau.*

Je portois fous mon bras
Une bouteille pleine,
De loin je vis les appas
De la jeune Climene :
Sitôt certain embarras
Dans mon cœur fit fracas ;
Au même inftant je vois,
Pour me mettre aux abois,
L'Amour en tapinois ;
Il choifit la meilleure fleche,
De fon carquois.
Mais à ce Dieu fripon
J'oppofai mon flacon ;
Et le trait, loin d'y faire brêche,
Fît un faux bond.

___

HYMNE BACHIQUE.

En ronde, pour le jour des Rois.

Eleves du Dieu de la tonne,
Le fort vient de me faire roi.
De pampre que l'on me couronne :
Vous allez recevoir ma loi :
Chantez, pendant que je vais boire

Chorus.

Amis, pour célébrer fa gloire ;

Chantons tous, pendant qu'il va boire;

Le seul trône où j'ose prétendre;
Est un tonneau du meilleur vin:
Et pour sceptre je ne veux prendre;
Comme Bacchus, qu'un thyrse en main.
   Amis, &c.

Je n'exige de vous pour gage;
Que serment de fidélité,
Pour tout respect, pour tout hommage;
Que de trinquer à ma santé.
   Amis, &c.

S'il me faut nommer une reine;
Compagne de ma royauté,
Je veux qu'à bien boire elle apprenne;
Ce talent vaut bien la beauté.
   Amis, &c.

Que celui qui me sert à table,
Soit mon Ministre & Chancelier;
Et si je prends un Connétable,
C'est pour avoir soin du cellier.
   Amis, &c.

✦

Sur l'esprit, les jeux, l'allégresse,
Je prétends lever des impôts;
Que chacun paie, en son ivresse,
Un tribut de joyeux propos.
   Amis, &c.

'Armez-vous tous d'une bouteille;
Qu'elle soit vuidée en deux coups:
Le Dieu qui regne sur la treille
Ne reçoit pas d'encens plus doux.
Amis, pour célébrer sa gloire,
Chantons tous pendant qu'il va boire.

ETRENNES A LA JEUNESSE de l'un & de l'autre sexe, utiles & agréables pour former le jugement, orner l'esprit & perfectionner le corps : le tout tiré des meilleurs Auteurs.

A Paris, chez la veuve *Duchesne*, Libraire, rue S. Jacques.

Ces Etrennes, comme on le voit par le titre, contiennent trois parties. Dans la premiere on a fait ensorte de donner aux jeunes gens des idées justes de ce qui leur importe le plus de savoir : par exemple, ce qui constitue l'honnête homme ou la vraie probité ; la nature & la force de la vertu ; en quoi consiste le courage ou la véritable valeur ; l'abus du faux point d'honneur ; le danger des passions ; que le vrai bonheur ne consiste pas dans le plaisir des sens ; la nécessité où est tout homme d'avoir de la religion , &c. Delà on a passé aux moyens de se conduire dans le monde. On y voit en quoi consiste l'art de plaire, les attentions

& les égards qu'on doit avoir dans les converfations ; quelles précautions il y a à
prendre dans les compagnies qu'on fréquente ;
les vertus effentielles aux femmes ; les avis
néceffaires à ceux qui penfent au mariage ;
la fainteté de ce lien.

La feconde Partie a pour objet l'efprit
& les différentes voies d'en étendre la fphere.
On indique pour cet effet les connoiffances
qui peuvent contribuer à le cultiver & à
l'orner. On y fait fentir les grands avantages que donne la lecture, & fur tout la
connoiffance de l'Hiftoire, dont on indique
les meilleurs Auteurs & les Livres les mieux
écrits. On donne enfuite un Précis de la
Fable, une idée de la Géographie. On trace
les premiers élémens du blazon ; on donne
les regles du ftyle épiftolaire, & le cérémo-
nial qui doit s'obferver dans ce genre.

La troifieme Partie a pour objet le maintien convenable du corps, & tout ce qui
peut contribuer à l'extérieur d'un homme
bien élevé, & lui donner de la décence dans
les manieres. Les exercices du corps feuls
peuvent procurer cet avantage. On en compte
trois principaux, qui font la danfe, l'art de
monter à cheval, & celui de faire des armes. Ces exercices contribuent tous à développer le corps, à l'endurcir, à lui donner
bonne grace.

D'après cet expofé exact & fuccinct, il
faut avouer que de pareilles Etrennes ne

font point marquées au coin de la frivolité comme tant d'autres. L'idée de l'Ouvrage, le Précis des matieres, leur rédaction font honneur aux fentimens généreux de l'Auteur, qui n'a point d'autre bu. que le bien public.

ETRENNES DU PARNASSE, choix de poéfies. *Erat quod tollere velles.* Horat, par M. le Prevoft d'Exmes. Prix 1 liv. 10 f.

A Paris , chez *Couturier* fils , Libraire , Quai & près l'Eglife des Auguftins , au Coq, 1782 , avec Approbation & Privilege du Roi.

L'Auteur commence fes Etrennes par des Effais hiftoriques fur la Poéfie Italienne. Ces longs & infipides Effais contiennent 118 pages, & ne nous offrent rien d'intéreffant, rien de nouveau. Il faut avoir une grande démangeaifon de faire un Volume , pour donner au Public une pareille rapfodie, & c'eft vouloir faire paffer en contrebande ce qu'on appréhende avec raifon ne pouvoir foutenir feul le grand jour. Paffons aux Poéfies Françoifes , c'eft-à-dire à la feconde partie de ces Etrennes , à laquelle M. le Prévoft-d'Exmes, auroit fait fagement de fe borner.

COUPLET.

Pour la Naissance de Monseigneur le Dauphin.

Air : *De Joconde.*

Je suis fée & veux vous conter
 Une grande nouvelle ;
Un fils de roi vient d'enchanter
 Tout un peuple fidele :
Ce Dauphin, que l'on va fêter,
 Au trône doit prétendre ;
Qu'il soit tardif pour y monter,
 Tardif pour en descendre.

Ce joli impromptu est de M. IMBERT.

IMPROMPTU.

*A Mademoiselle G** sur sa montre qui avançoit beaucoup.*

Si devançant le temps d'une aiguille pressée,
Votre montre l'abrege, elle est secrettement
 L'interprête de ma pensée.
Une heure près de vous n'est pour moi qu'un
moment.

P. M. de SAINT-ANGE.

ÉPIGRAMME.

Dis-moi, qu'a donc Zelis ? Elle est inconsolable,
—On le seroit à moins—l'objet de sa douleur ?
—Tu l'ignores ? Gripaut, cet ardent Procureur....
—Son époux ? —Dieu l'a pris —Hélas! C'est bien
 le Diable.

Par M. MAYEU.

AUTRE.

J'étois aimé de la charmante Lise ;
Que j'adorois. Ah! lui dis-je, comment,
Par où pourrai-je en votre appartement
Entrer la nuit? -En passant par l'Eglise.

AUX INFIDELLES,

A vous, qui savez être belles,
Favorites du Dieu d'Amour,
A vous, maîtresses infidelles,
Qu'on cherche & qu'on fuit tour-à-tour ;
Salut, tendre hommage, heureux jour,
Et sur tout voluptés nouvelles !
Écoutez : chacun à l'envi,
Vous craint, vous adore & vous gronde ;
Pour moi, je vous dis grand merci :
Vous seules de ce triste monde
Avez l'art d'égayer l'ennui,
Vous seules variez la scene

K

De nos goûts & de nos erreurs ;
Nous piquez au jeu les acteurs ;
Vous agacez les spectateurs,
Que la nouveauté vous amene.
Le tourbillon qui vous entraîne
Vous prête des appas plus doux ;
Le lendemain d'un rendez-vous,
L'Amant vous reconnoît à peine.
Tous les yeux sont fixés sur vous,
Et n'apperçoivent que vos grâces.
Vous ne donnez pas aux dégoûts
Le temps de naître sur vos traces.
On est heureux par vos rigueurs,
Plus heureux par la jouissance :
Chacun poursuit votre inconstance,
Et s'il n'obtient pas vos faveurs,
Il en a du moins l'espérance.

La troisieme partie des Etrennes du Parnasse, contient des Poésies Etrangeres, traduites ou imitées de l'Italien, de l'Allemand, de l'Anglois, du Grec, du Latin, &c.

Prendre une piece de chaque pays, ce seroit nous engager dans un labyrinthe de citations insipides & froides, qui ne feroient d'ailleurs aucunement connoître le génie des Nations étrangeres, anciennes & modernes. Une traduction en vers françois est insuffisante. Voici cependant ce que nous avons trouvé de mieux dans cette troisieme Partie.

STANCES

Imitées du GUARINI.

AIMER est une douce chose.
Un cœur est fait pour s'enflammer;
Si la Nature l'y dispose,
Pourquoi nous défend-on d'aimer?

✤

Si l'amour, qui brûle nos ames,
Malgré nous vient nous consumer,
Si l'on ne peut vaincre ses flammes,
Pourquoi nous défend-on d'aimer?

✤

La loi sans doute est trop sévere,
Si l'on ne peut se réformer,
A la Nature elle est contraire:
Pourquoi nous défend-on d'aimer?

✤

Si l'on écoute la sagesse,
Il est doux de se réprimer,
Plus doux de suivre la tendresse,
Pouquoi nous défend-on d'aimer?

✤

Non, la raison n'eût jamais d'armes
Contre l'Amour qui fait charmer;
Si l'on ne peut vaincre ses charmes,
Pourquoi nous défend-on d'aimer?

✤

Puiſſant Amour, raiſon auſtere,
A quoi dois-je me conformer?
Lequel de vous deux doit ſe taire?
Lequel faut-il?...Il faut aimer.

Par M. Le Prevoſt d'Exmes.

N'en déplaiſe à M. le Prévoſt d'Exmes, ces Stances ſont froides & très-froides. Elles rendent mal la penſée délicate du Guarini, *ou la Loi eſt trop ſévere, puiſqu'elle offenſe la nature ; ou la nature eſt trop imparfaite, puiſqu'elle eſt contraire à la Loi.* Nous préférons aux Stances ci-deſſus, ce couplet ſans prétention de Favart, que tout le monde connoît, & que M. le Prévoſt d'Exmes ne cite pas.

Maudit amour ! Raiſon ſévere !
A qui des deux dois-je céder ?
Montrez-moi donc ce qu'il faut faire,
Ou tâchez de vous accorder.

Nous finirons cet extrait par une imitation de ce paſſage de David : *vidi impium ſuper exaltatum, & elevatum ſicut cedros libani ; & tranſivi, & ecce non erat ; & quœſivi eum, & non eſt inventus locus ejus.*

J'ai vu l'Impie adoré ſur la terre :
Pareil au cedre, il cachoit dans les Cieux
          Son front audacieux ;
Il ſembloit à ſon gré gouverner le tonnerre,
    Fouloit aux pieds ſes ennemis vaincus :
Je n'ai fait que paſſer, il n'étoit déjà plus.

RACINE

ETRENNES DE SANTÉ, ou l'Art de se la conserver, par les préceptes qui donnent la vie la plus longue & exempte de maladies ; précédées de moyens sûrs pour remédier promptement aux différens accidens qui menacent la vie, & à une foule d'incommodités dont on est journellement attaqué.

A Paris, chez *Cailleau*, Libraire, rue S. Séverin.

Cet Ouvrage est moralement fait par un Médecin, dont les principes sont établis sur la saine physique, & dont il a su tirer les conséquences les plus utiles. De pareilles Etrennes ne peuvent être reçues qu'avec reconnoissance. On devroit les porter toujours avec soi. Parcourons-les légerement, & observons avec l'Auteur que la médecine n'est pas seulement l'art de guérir les maladies, mais qu'elle est aussi l'art de conserver la santé, de retarder les infirmités de la vieillesse, de prolonger la vie, de garantir & de prévenir les maux.

L'Auteur divise son Ouvrage en trois parties. Dans la premiere il parle de l'éducation physique des enfans.

La seconde traite de l'éducation physique des adultes, du choix des alimens

pour se bien porter, du régime de vie que
l'on doit suivre suivant les différentes tem-
pératures, les différentes saisons & l'exposition des demeures. L'Auteur s'étend sur l'eau
& ses usages, sur les alimens tirés des ani-
maux , des végétaux, sur les boissons en
général , & sur les secrétions & les excres-
sions. Il dit un mot en passant du sommeil,
de la veille, de l'exercice, du régime de vie
des personnes indisposées de différens âges,
de différens états, de tempérammens foibles, &c. &c.

La troisieme Partie contient différens re-
medes pour les cas qui demandent un prompt
secours. L'Auteur va plus loin ; & dans la
vue d'être utile, il ouvre les boutiques des
Apothicaires, & indique le prix de leurs dro-
gues.

La plus belle Manne coûte 6 sols l'once.

La meilleure Rhubarbe 10 sols le gros.

Casse 2 sols l'once.

Follicules de Séné 2 sols le gros.

Tamarin 4 sols l'once.

Le Sel polycreste ou de seignette 20 sols
le paquet, & le gros 3 sols.

L'once de Quinquina coûte 24 sols.

La Theriaque 2 sols le gros.

La Confection d'Hyacinthe aussi deux sols
le gros.

Tel est l'ensemble de ces Etrennes ; qui ne
peuvent être que très-intéressantes pour la
société.

Cadeau des Gens d'esprit : Almanach dédié aux personnes de goût, par un Auteur qui s'en croit beaucoup ; sur des airs connus & choisis.

A Paris, chez *Langlois*, rue du Petit-Pont.

Après un titre pareil, il n'y a point de réflexions à faire sur l'Auteur ni sur l'Almanach ; mais il est permis d'en citer deux ou trois pieces. Leur excellence & leur supériorité, pour parler un langage analogue au *cadeau*, feront aisément juger du reste.

PARALLELE.

De l'Amant tendre & de l'Amant volage.

Air : *L'Amant frivole & volage.*

L'AMANT frivole & volage
Fait bien mieux sentir ses feux
Que l'amant & tend e & sage,
Qui ne parle que des yeux.
A qui donnez-vous la palme ?
Qui choisissez vous des deux ?
L'un, belle Iris, est toute ame ;
Quand l'autre n'a que des feux.

Dans une volupté pure
L'amant délicat ſe plaît ;
Mais conduit par la nature ;
Et brûlant d'un feu follet,
Dans le bruyant étalage
Des maux que ſon cœur reſſent ;
L'autre en dit bien davantage,
Et l'oublie en un inſtant.

DEPIT.

AIR : *Au bord d'un clair ruiſſeau.*

VICTIME de l'amour ;
J'abjure ſon empire :
Déſormais je veux rire
Et chanter tout le jour.
Nargue de la beauté :
Son aſpect nous enchante ;
Son humeur inconſtante,
Détruit la volupté.

Mais je m'abuſe envain ;
L'amour m'anime encore :
Oui, ſon feu me dévore ;
Oui, de ce Dieu malin,
Malgré tout mon dépit,
Je ſens encor les armes,
Et je verſe des larmes
Dont le perfide rit.

INVOCATION.

INVOCATION.

AIR : *Du Vaudeville d'Epicure.*

Doux plaisir, l'amour te rappelle;
L'Amour a captivé mon cœur ;
Chantons cette aimable cruelle,
Qui fait ma peine & mon bonheur.
Les graces ne font pas plus belles,
Puiffe à l'ardeur d'un feu fi beau
Le petit Dieu brûler fes ailes,
Et l'animer de fon flambeau !

CALENDRIER DAUPHIN, contenant le Tableau hiftorique des Princes iffus de la tige royale de France, nés Dauphins, depuis l'an 1349, époque de la ceffion du Dauphiné, faite par Humbert II à Philippe VI, dit de Valois, jufqu'au 22 Octobre 1781, avec un choix de Pieces en l'honneur de Monfeigneur le Dauphin, &c.

A Paris, chez *Lottin* l'aîné, Libraire, rue Saint-Jacques. Prix 12 fous.

Nous ne pouvons mieux faire que de dire avec l'Auteur : « On n'a mis aucune préten-
» tion à cet opufcule : On s'eft borné à
» donner de l'aliment à la curiofité naturelle
» des Françeis, pour tout ce qui a trait à
» leurs Maîtres.

<hr>

CALENDRIER HISTORIQUE ET PATRIOTI-
QUE DES FRANÇOIS, augmenté, & contenant
la Chronologie des Rois de France, une idée
de la France, de ſes différentes Provinces,
& de ſon Gouvernement Civil, les Gouvernemens Militaires, les Intendances, & les
particularités qui y ſont relatives; avec un
coup-d'œil ſur le ſallon du Louvre, & l'é-
loge abregé des Grands Hommes dont les
Statues ont été expoſées en 1781 ; ſuivi d'un
Précis ſur l'origine & les progrès de la guerre
de l'Aſie & de l'Amérique.

A Paris, chez *Valleyre*, rue de la Vieille
Boucleric.

Cet Almanach eſt intéreſſant & bien fait.
Il eſt écrit dans le genre qui lui convient.
Chaque phraſe fait tableau. Diſons mieux; c'eſt
une mignature faite par un homme inſtruit.

On y trouve d'abord un tarif des Mon-
noies étrangeres, évaluées en monnoies de
France, ce qui eſt très-commode & eſt expoſé
de la maniere la plus ſenſible & la plus ſimple.
A l'égard de la Chronologie des Rois de
France, elle ſe trouve par-tout. On s'inſ-
truira avec plaiſir de l'Etat Militaire de la
France, de ſa Marine, de ſon Gouverne-

ment Civil, de ses Cours Souveraines & de leur établissement.

Etat de la France Ecclésiastique.

On compte environ 366,264 Ecclésiastiques en France, tant Séculiers que Réguliers, qui jouissent par an de *cent vingt & un millions deux cents quatre-vingt-dix-neuf mille cinq cents livres*. Quelles richesses!

L'Auteur donne ensuite un état des Bibliotheques publiques établies dans cette capitale. Il cite l'année de leur fondation, les noms de leurs fondateurs, les lieux où elles sont situées ; le nombre de volumes imprimés, celui des manuscrits, les jours & les heures qu'elles sont ouvertes. Dans ce Calendrier on fait aussi mention des Tableaux exposés au Sallon en 1781, & des Statues faites cette même année par ordre du Roi. On y donne à cette occasion un Abregé de la Vie des Hommes illustres qu'elles représentent. L'Ouvrage est terminé par des réflexions sur le caractere des Anglois, tirées du Livre intitulé : *le Despotisme d'Angleterre sur les deux Mondes*. Une idée des faits relatifs à l'érection de la nouvelle République des Etats-Unis d'Amérique ; une esquisse de la guerre des Anglois dans l'Amérique Septentrionale, une autre de leur guerre dans les Indes Occidentales accompagnent ces réflexions. Comme

ce font déjà des extraits, nous y renvoyons
le Lecteur.

CALENDRIER INTÉRESSANT, ou Almanach
Physico-Economique, contenant une hiftoire
abrégée & raifonnée des Indictions qu'on a
coutume d'inférer dans la plupart des Calendriers ; un recueil exact & agréable de plufieurs opérations phyfiques, amufantes &
furprenantes, qui mettent tout le monde à
portée de pouvoir profiter de plufieurs fe-
crets éprouvés, utiles à la focieté, &c. &c.

Par M. S. D. à Bouillon, aux dépens de
la Société Typographique.

Cet Almanach eft un recueil de bonnes
découvertes, & ne peut que faire plaifir. Pour
ne rien prendre fur fon compte, l'Auteur cite
les Ouvrages où il les a puifées. D'ailleurs,
les noms qu'il rapporte font garands de fon
choix & en font l'éloge.

CALENDRIER DES PRINCES & de la principale Nobleffe de France, contenant l'état actuel des Maifons Souveraines, Princes &
Seigneurs de l'Europe & de la Nobleffe de
France, par ordre alphabétique ; extrait du

Dictionnaire généalogique, héraldique, historique & chronologique, avec des additions,
changemens & augmentations par le même
Auteur.

A Paris, chez la veuve *Duchesne*, rue
Saint-Jacques.

Nous ne pouvons que renvoyer à cet Ou-
vrage, qui n'est susceptible d'aucun extrait.
On le dit en général assez exact. C'est la
Noblesse elle-même qui doit en juger.

Calendrier récréatif, ou choix d'A-
necdotes curieuses & de bons mots.

A Amsterdam, & se trouve à Paris, chez
la veuve *Duchesne*, Libraire, rue Saint-
Jacques, au Temple du Goût. (*Deux parties d'environ deux cents pages chacune.*)

Il n'est pas aussi aisé, qu'on le pense, de
faire un choix heureux de bons mots & d'a-
necdotes. Il faut, pour y réussir, du goût,
de la sagacité, du discernement. L'Editeur
du Calendrier récréatif possédoit ces qualités.
Nous en avons la preuve sous les yeux. On
trouve, à la tête de l'Ouvrage, une disserta-
tion sur les Almanachs. Voici comme elle
explique leur origine.

Nous ne rifquons rien, je crois, de chercher dans l'Egypte le berceau des Almanachs.
L'origine de ce mot, tirée de l'hébreu *manach*,
qui fignifie *compter*, *mefurer*, prouve affez
que c'eft à leur demeure dans l'Egypte que les
Juifs devoient leurs Calendriers, comme bien
d'autres connoiffances. Un Peuple engagé par
la beauté & la pureté du Ciel à obferver le
cours des Aftres, & forcé par le débordement
annuel du Nil, de mefurer tous les ans fes
terres, a dû, le premier, réduire en pratique les connoiffances aftronomiques, pour
apprendre aux habitans de la campagne le
temps de l'élévation des eaux du fleuve, la
durée du débordement, la faifon des fe-
mailles, des moiffons, &c. C'eft auffi ce que
firent les Prêtres, par le moyen des figures
hyérogliphiques qu'ils expofoient en public.
Ces Almanachs, fi fimples dans les commencemens, s'embellirent dans la fuite, & par
la fraude & l'avarice des Prêtres devinrent
autant de divinités, &c. Paffons aux anecdotes, &c.

Un grand Seigneur ignorant voyant un jour
Defcartes qui faifoit bonne chere, lui dit: Eh
quoi! les Philofophes ufent-ils de ces frian-
difes? Eh pourquoi non, lui répondit-il? Vous
imaginez-vous que la Nature n'ait produit les
bonnes chofes que pour les ignorans?

Va-t-en cocu, difoit un homme à un chien
qui l'importunoit. Mon Dieu! dit une dévote,

peut-on donner le nom d'un chrétien à une
bête!

Un Juge ayant passé la nuit à boire, inter-
rogea le matin un criminel condamné à mort
au premier Tribunal. Après lui avoir demandé
son nom, son âge, &c., les vapeurs du vin
l'assoupirent un peu; & s'éveillant un moment après: « Comment te portes-tu, lui
» dit-il, croyant parler à un ami? » Le criminel le regardant fixement lui répondit : « Si
» je me portois aussi bien que vous, je n'au-
» rois pas soif. » Cette réponse fit rire les autres Juges, qui lui sauvèrent la vie.

Au dernier Sermon d'une Mission, dans une
Paroisse de campagne, tout le monde pleuroit, à la réserve d'un paysan. On lui demanda pourquoi il ne pleuroit pas comme les
autres? Il répondit : je ne suis pas de la Paroisse.

Un Conseiller disoit à un ami : Si j'avois
quelque chose de bon, je vous dirois de dîner
avec moi. Le domestique qui le suivoit lui dit
à demi-voix : « Monsieur, vous avez une
» tête de veau. »

L'Abbé de Vertot fut d'abord Capucin. Il
passa ensuite dans d'autres Ordres, & chan-
gea souvent de bénéfice. On appelloit cela *les
Révolutions de l'Abbé de Vertot.*

Le Maréchal de Duras disoit à Louis XIV :
« Je ne suis pas étonné que Votre Majesté
» trouve un Confesseur. A la vérité il se
» damne; mais il a du crédit. Ce que je ne

» conçois pas, c'eſt que votre Confeſſeur en
» trouve un qui veuille l'abſoudre. »

Une perſonne regardant le Portail des
Feuillans de la rue Saint-Honoré, à Paris,
& entendant dire qu'il étoit de l'ordre Co-
rinthien : « Je croyois , dit-elle , qu'il étoit
» de l'Ordre de S. Bernard. »

M. Fourcroy, Avocat, plaidoit. Les Juges,
prévenus que la cauſe étoit mauvaiſe, ſe
leverent pour aller aux opinions. Dans le
tems qu'ils opinoient, cet Avocat crioit de
tems en tems : Monſieur le Préſident ! Ce Ma-
giſtrat ſe tourna à la fin, & lui dit d'un ton
fort impérieux : Que voulez-vous, Avocat?
Je demande acte à la Cour, répondit l'Avocat, du refus qu'elle fait de m'entendre, afin
de me juſtifier envers ma Partie qui eſt à cent
lieues d'ici. Cette demande frappa les Juges.
Ils reprirent leur place pour donner audience
à l'Avocat, qui, ramaſſant tout ce qu'il
avoit de force, plaida avec tant d'éloquence
qu'il gagna ſa cauſe.

Le Roi Louis XIII, parlant à quelques
Bénéficiers, diſoit que les ânes étoient plus
heureux que les chevaux, & qu'ils avoient
meilleur temps ; car , ajoutoit-il, les chevaux
vont en poſte à Rome querir les bénéfices
dont pluſieurs ânes ſont pourvus.

Un Gentilhomme aimoit la ſervante de
ſa femme, & faiſoit tous ſes efforts pour
en obtenir quelques faveurs, mais envain.
Un jour qu'il avoit extrémement tourmenté

cette fille, elle s'en plaignit à sa Dame, & lui demanda son congé. Cette Dame le lui refusa, lui promettant de faire ensorte que son mari devînt plus sage, & lui dit que, pour cet effet, il falloit lui donner rendez-vous, qu'elle s'y trouveroit, & feroit tant de honte à son mari qu'il n'y reviendroit plus. La Servante donna donc rendez-vous au Gentilhomme dans la grange, & la femme s'y rendit. Cependant le Gentilhomme fit réflexion sur ce qu'il alloit faire, & envisageant les suites que cette amourette pourroit avoir, il résolut d'en demeurer là & de ne plus aller trouver sa maîtresse; & rencontrant son valet Pierre, il lui dit: hola, oh! Pierre! Marie m'attend dans la grange; veux-tu aller l'y trouver en ma place? mais ne dis mot. Elle sera bien attrappée quand elle saura que c'est toi. Pierre, fort content de la proposition, va à la grange où la Dame attendoit son mari avec impatience. Croyant que c'étoit lui, elle se tut, pour avoir plus de sujet de le reprendre; ainsi Pierre ne trouva nul obstacle. Cependant le Gentilhomme, fort satisfait de ce qu'il venoit de faire, passa par la cuisine, & fut bien étonné d'y voir Marie. Eh quoi! lui dit-il, n'as-tu pas été dans la grange? Elle lui dit que non, & que Madame y étoit allée à sa place. Voilà ce Gentilhomme bien attrapé; & se mettant à courir vers la grange, il crioit de toute sa force: Pierre, ce n'est point Marie; Pierre, ce n'est point Marie. Oh bien, Monfieur, répondit Pierre, Marie ou non, c'eft fait.

<hr>

LE CHANSONNIER GALANT, Almanach chantant.

A Paris, chez *Valade*, Imprimeur-Libraire, rue des Noyers.

Lorfque tant d'Almanachs ne fe diftinguent que par des titres précieux, recherchés, amphigouriques, & n'ont pas d'ailleurs le fens commun ; celui-ci fimple & modefte, nous annonce des chanfons galantes ; il ne faut pas en exiger davantage.

BOUQUET.

De deux Demoifelles pour leur mere, le jour de fa Féte.

AIR : *Je vais te voir, charmante Life.*

Mere aimable, mere chérie,
Vous êtes l'amour de nos cœurs :
Si de vous nous tenons la vie,
C'eft la moindre de vos faveurs.
Vivez pour être notre exemple
Autant que vous avez vécu :
Car vous fûtes toujours le temple
De l'honneur & de la vertu.

PORTRAIT.

AIR : *Quand on fait aimer & plaire.*

QUOIQUE du Dieu de Cythere
Babet foit le vrai portrait,
Elle fait charmer & plaire
Sans arc, fans bandeau, fans trait.
Pour foumettre à fon empire
Un cœur au gré de fes vœux,
Il ne lui faut qu'un fourire,
Un regard de fes beaux yeux.

✳

Les plaifirs, les jeux, les graces ;
Trompés, féduits tour à tour,
Suivent en foule fes traces,
En la prenant pour l'Amour.
De fa voix mélodieufe
Naiffent les tendres defirs,
Et leur haleine amoureufe
S'exhale avec fes foupirs.

A UNE JEUNE MUSICIENNE.

AIR : *Brillantes Fleurs.*

TU réunis l'efprit & la fageffe,
Mille talens, mille charmes divers.
Ta voix, tes yeux infpirent la tendreffe :
Chaque cœur vole au-devant de tes fers.

Tu nous ravis, ainsi qu'une autre Fée ;
Chacun t'admire & t'aime tour à tour :
Lorsqu'on t'entend, on te prend pour Orphée,
Lorsqu'on te voit, on te prend pour l'Amour.

LE SILENCE.

Ne parler jamais qu'à propos
Est un rare & grand avantage :
Le silence est l'esprit des sots,
Et l'une des vertus du sage.

CHANSON.

AIR : *L'Amant frivole & volage.*

Au sein des lys & des roses,
Belle Eglé, pris-tu le jour ?
Sur tes levres demi closes
On voit reposer l'amour :
Ce Dieu te prête ses armes,
Tu fais briller son flambeau ;
Conserve à jamais ses charmes ;
Mais écarte son bandeau.

BOUQUET.

AIR : *Pour la Baronne.*

C'est Zéphirine
Qu'aujourd'hui je veux célébrer,

Qu'on vante une beauté divine :
Un cœur qui se fait adorer,
C'est Zéphirine.

De Zéphirine
Un rien reçoit mille agrémens :
Ovide eût oublié Corinne
Pour les plus simples ornemens
De Zéphirine.

A Zéphirine
Je voulois n'offrir qu'une fleur :
L'instant d'après je m'examine ;
J'avois déjà donné mon cœur.
A Zéphirine.

A UNE DEMOISELLE,

Qui m'avoit donné son Portrait.

ELOIGNÉ de l'objet que j'aime
Lui seul peut calmer mon ennui.
Il est plus beau que l'Amour même
Mais elle est plus belle que lui.

LE BONHEUR CHIMÉRIQUE.

AIR : *L'Amant frivole & volage.*

DANS les jardins de Cythere,
Auprès de toi cette nuit,
Sous un berceau solitaire,
Un songe m'avoit conduit :
Dieux ! quel charme ! quelle ivresse !
Vénus n'a point tant d'appas ;
Tu cédois à ma tendresse ;
J'allois mourir dans tes bras.

Mais l'Amour, qui toujours veille,
Fut jaloux de mon bonheur,
L'ombre échappe, & je m'éveille :
Tu n'es plus que dans mon cœur.
Tout s'éclipse avec mon songe ;
Rien, hélas ! ne m'est resté
De cet aimable mensonge,
Que ma flamme & ta beauté.

Sur l'Amour, belle Clarice,
Montre-nous quels sont tes droits ;
Malgré lui sois-moi propice
Je suis soumis à tes loix.
Calme mes ardeurs sinceres :
Donne à mon cœur enchanté
Pour une nuit de chimeres,
Un instant de vérité.

ALMANACH CHANTANT, ou Etrennes aux jolies voix.

Movit Amphion lapides canendo.

Hor. Ode VIII, liv. III.

A Paris, chez la Veuve *Duchefne*, rue Saint Jacques.

Cette collection, faite par un homme de goût, offre l'élite de nos chanfons, & ne fauroit manquer de plaire. « Notre goût pour les chanfons, dit l'Auteur, fe décele » en quelque forte malgré nous. Nous met- » tons encore en chanfons tous les évene- » mens qui nous intéreffent, & nos mal- » heurs même. C'eft à ce goût décidé que » l'on confacre, chaque année, une quantité » prodigieufe d'Almanachs chantans. Il » n'eft point de fi mince Rimeur, qui ne » fourniffe aux Libraires fa quote-part de » chanfons nouvelles. Le plus fouvent elles » font pitoyables, ou n'ont que le mérite » de la circonftance, ayant été compofées » pour des Fêtes & dans des fociétés par- » ticulieres. On ne fera point ce reproche » à l'Almanach que nous mettons au jour. » Plutôt que de donner des chanfons mal

» faites ou infipides, de notre fonds, nous
» avons fait un choix parmi les plus con-
» nues & les plus jolies. » Nous fommes
de l'avis de l'Auteur, & nous ajoûtons avec
plaifir qu'il y a plus à glaner dans fon Almanach, qu'à moiffonner dans tous les autres.

PORTRAIT.

AIR : *O ma tendre mufette.*

GÉNÉREUSE Lifette,
Confens à m'écouter :
La faute que j'ai faite
Ne doit point t'irriter.
Me crois-tu donc capable
De trahir ton fecret?
L'Amour feul eft coupable;
Lui feul eft indifcret.

Tu connois la caufette
Que le foir nous faifons :
Sur le fait d'amourette
Toujours nous devifons :
Des charmes qu'il préfere
Chacun fait le tableau ;
Des tiens j'ai fu me taire:
L'effort eft affez beau.

Mais un jour que Silvandre
De la jeune Cloris
Vantoit le regard tendre,
Le doux & fin fouris;

Il est une bergere,
Repris-je au même instant,
Plus sûre encor de plaire,
Sans y prétendre autant.

*

Philémon d'Aspasie
Cita le teint charmant,
Corylas d'Egérie
Le corsage élégant :
Je convins de leur grace ;
Mais, dis-je, à tous les yeux
Une autre les efface,
Une autre est encor mieux.

*

A ces mots la querelle
Entre nous s'échauffa ;
Pour défendre sa belle,
Chacun m'apostropha.
En te nommant, bergere,
Je les attrapois bien :
Un mot les eût fait taire ;
Pourtant je n'en fis rien.

*

Comme il falloit répondre
A leur empressement,
N'osant pas les confondre,
Je leur dis simplement :
La beauté qui m'est chere,
En elle réunit,
Tous les moyens de plaire,
Qu'ailleurs on applaudit.

*

M

Elle est bien plus jolie,
Plus fine que Cloris,
Plus douce que Julie,
Plus tendre que Philis,
Plus fraîche qu'Aspasie,
Plus vive que Chloé,
Mieux faite qu'Egérie,
Plus légere qu'Eglé.

✦

A ce portrait, Lisette,
Ils ont tous dit ton nom.
Ma bouche fut muette,
Elle eut envain dit non.
On lut sur mon visage
Ce plaisir si flatteur,
De voir chaque suffrage,
D'accord avec mon cœur.

L'Auteur nous a dit que cette jolie chanson est de M. le Duc *de Nivernois*, & nous n'avons pas eu de peine à le croire.

ARIETTE.

Julie est sans desir,
C'est un bouton de rose,
Que la Nature arrose,
Et dispose à s'ouvrir :
Dans son cœur sans détour,
Il n'est pas jour encore,
Il attend pour éclorre,
Un rayon de l'Amour.

Ce couplet charmant, fait par M. *Beau*

vais, Avocat, est suivi de deux autres, qui ne sont pas du même Auteur, & qu'il faut lire dans l'Almanach. Nous transcrirons en entier une chanson de M. le Cardinal *de Bernis*, intitulée :

L'AMOUR.

UN jour me demandoit Hortense
Où se trouve le tendre Amour ?
Par-tout, lui dis-je, est sa présence;
Dans tous les lieux est son séjour :
Monté sur le char de l'Aurore,
Il ouvre les portes du jour;
Par lui le soleil qu'il colore,
S'allume & s'éteint tour-à-tour.

Amant de toute la Nature,
Il bondit avec les troupeaux ;
Avec les ruisseaux il murmure,
Il ramage avec les oiseaux,
Avec la simple violette,
Il se cache sous le gason ;
C'est lui qu'attrape une fillette,
Sous la forme d'un papillon.

C'est son haleine ravissante,
Qu'on respire dans une fleur;
Il orne la rose naissante,
De son éclat, de sa fraîcheur,
Mais de notre plus tendre hommage,
Quand ce Dieu veut s'assurer mieux,
Belle Hortense, il prend votre image,
Où se place dans vos beaux yeux.

M 2

CHANSON.

J'AIME une ingrate beauté,
Et c'est pour toute ma vie;
Je n'ai plus de volonté;
Ma liberté m'est ravie :
  Thémire a des rigueurs;
  Mais mon cœur les préfere
  Aux plus douces faveurs
  De toute autre bergere.

   ✤

Quand aux champs, dès le matin;
Le foin du troupeau l'appelle,
Le ciel devient plus serein,
Le jour se leve avec elle;
  Les amoureux zéphirs,
  Naissent de son haleine;
  Et mes ardens soupirs,
  La suivent dans la plaine.

   ✤

Le Rossignol va chantant,
Joyeux de la voir si belle;
Le papillon voltigeant
La prend pour la fleur nouvelle,
  Pour mourir sur son sein
  On voit les fleurs éclorre;
  De l'éclat de son teint,
  La rose se colore.

   ✤

Malgré sa timidité,
Qui la rend plus belle encore;

D'une douce volupté
Dans ses yeux j'ai vu l'aurore,
Et sa bouche exprimer,
Par un rendre sourire,
Le doux plaisir d'aimer,
Qu'elle craint & desire.

ARIETTE.

Belle rose,
Que j'arrose,
Tes charmes naissans
Sont l'honneur du printemps,
Tu vas plaire
A ma Bergere ;
Mais son teint plus frais
Efface tes attraits.

Il faut, avant qu'elle te cueille ;
Que je t'anime d'un baiser :
Discretement sous cette feuille
Mes levres vont le déposer.
Belle rose,
Que j'arrose,
Si c'est ton destin
D'approcher de son sein
Si sa bouche
Aussi te touche,
Donne-lui pour moi
Ce gage de ma foi.

Pour Colette que j'adore,
Joli bouton, tu vas t'ouvrir ;
Reçois encore ce soupir
Pour te hâter d'éclorre ;
Mais conserves-en la flamme :

Que ta jeune fleur
Se penche fur fon cœur;
Que Colette, au fond de l'ame;
En fente l'ardeur,
Et fonge à mon bonheur.

On reconnoît aifément dans ces deux dernieres pieces, le coloris vif & brillant du fenfible *Favart*.

Le Petit Colifichet, Almanach chantant.

A l'Ifle Frivole, & à Paris, chez la Veuve *Duchefne*, rue Saint Jacques.

L'Auteur prend fon effor d'une maniere lefte & maligne, ainfi que fon titre l'annonce; il a l'art de gazer fes tableaux, qui n'en font que plus agréables.

A une Dame mariée,

Qui defiroit un enfant.

SOUHAIT DE BONNE ANNÉE.

Air : *Pour la Baronne.*

Pour vos étrennes
Gentil poupon vous feroit bien.

Mais hélas paro'es font vaines!
J'ai beau favoir, je ne puis rien
Pour vos étrennes.

A UNE DAME DE DISTINCTION.

*Qui avoit bien voulu honorer l'Auteur
d'une visite.*

AIR : *Il eſt donc vrai Lucile.*

L'AGRÉABLE furpriſe!
Dai s mon humble réduit
Quoi! fous les traits de Life
L'amitié s'introduit?
Cette aimable immortelle
[L'ai-je pu mériter?]
Avec le tendre zele
Daigne me viſiter.

✦

Qu'elle eſt belle & touchante
Sous ces traits gracieux!
Sa majeſté m'enchante
Sur ce front radieux.
Un fourire de Flore
Eſt moins doux que ſes yeux;
L'aſtre qui tout colore
Brille de moins de feux.

✦

O faveur précieuſe
D'un cœur trop généreux!
Faveur délicieuſe!

Par toi je suis heureux :
Fuyez, fuyez, alarmes,
Tristes soins, noir souci,
Portez ailleurs vos armes,
L'amitié regne ici.

ÉPIGRAMME.

AIR : *Chanfons, chanfons !*

JEAN dit que ta femme est aimable ;
Tu trouves la sienne adorable ;
    Point de jaloux :
Mais cet accord passe la table ;
C'est que de faire son semblable,
    Il est bien doux.

Tel est le ton & telle est la maniere du Petit Colifichet. On est forcé de lui passer bien des miseres, en faveur de son titre ; mais il faut convenir aussi qu'il vaut mieux que beaucoup d'autres Almanachs, qui promettent beaucoup & ne donnent rien.

LES COLIFICHETS DE LA PETITE LISE, Almanach chantant & amusant.

A Paris, chez *Valade*, rue des Noyers.

Comme si cet Almanach n'étoit pas assez distingué

distingué par les fautes de son Auteur, l'Imprimeur y a joint les siennes propres, dont nous allons relever quelques-unes pour l'honneur de l'Imprimerie, car il est étonnant qu'à Paris, le centre du goût & des arts, on tombe dans de pareilles fautes.

Page 30, 2e. couplet.

Quelles pleurs d'un amant jaloux
Lui offrent mille charmes.

Ici l'Auteur & l'Ouvrier sont de niveau. Le dernier devoit lire *que les pleurs*, & le Poëte ne savoit pas que *lui offrent* sont incompatibles en poésie.

Page 33, 3e. couplet.

Le village accourt à la fête
Féliciter l'heureux Lubin,
On applaudit à sa *coquette*.

C'est *conquête* qu'il falloit lire.

Couplet suivant, page 34.

Si ce tableau vous intéresse,
Eglé, venez vivre avec nous.
C'est l'amitié qui vous *empresse*.

Ce n'est point *empresse*, mais *en presse*.

N

Page 40.

> Sur la toilette
> De ma Lisette
> Vous trouverez
> Simple fleurette,
> Point n'y *venez*
> De fard, d'aigrettes.....

Le bon sens demandoit *verrez*.

Page 48 , 2e. couplet.

> Ni le parfum, ni la verdure;
> Ni le doux repos *de la forêt*;
> Ni la fraîcheur de la nature
> N'exciteront point tes regrets.

La rime & la mesure exigeoient au second vers, *des forêts*.

Même page, 4e. couplet.

> Amuse-là de ton ramage;
> Bequotte-là légérement,
> Arrache souvent son ouvrage
> Faits *quelque* songe à son amant.

Nous rougissons d'observer qu'il faut lire
qu'elle songe , & non pas *quelque songe*.

Page 55 ; 3e. couplet.

> Quand la vieillesse débile
> Viendra flétrir tes attraits,

Dis, de ta vertu stérile
Que deviendront les effets?
Tu voudras, quand la jeunesse
Finira de toi son retour,
Troquer dix ans de sagesse
Contre un moment de l'amour,

L'Imprimeur ne se doute sûrement point qu'à ce vers inintelligible & barbare.

Finira de toi son retour

Il faut substituer :

Fuira de toi sans retour.

Et voilà comme un Almanach, déjà mauvais par lui-même, devient assommant & désagréable, en passant par les mains de l'Ouvrier ignorant.

Nous avons cependant trouvé dans les *Colifichets de la petite Lise*, une Romance digne d'être citée. Nous critiquons avec peine, & nous louons avec plaisir.

ROMANCE.

AIR : *Quoi ! ma voisine es-tu fâchée.*

LE beau Tircis, loin dans la plaine,
    Seulet un jour,
Contoit au bois sa douce peine,
    Son mal d'amour :
Bergere pleine d'injustice,

Va-t-il chantant,
Faut-il qu'ainsi tu me haïsse,
Quand j'aime tant !

Mon chien & mes moutons pâtissent
Pleins de langueur ;
Pauvrets hélas ! ils dépérissent
Par ta rigueur,
Tandis que le mal de leur maître
Les fait souffrir,
Je suis fidele & je veux l'ètre
Jusqu'au mourir.

Cruelle, hélas ! tu te fais gloire
De mon souci.
Belle, ah ! crois-moi, dans ta mémoire
Retiens ceci :
La rose dont la rouge feuille
Parfume l'air,
Lorsqu'au printems on ne la cueille
Meurt en hiver.

Toi qui dans mon jardin sans cesse
Chante l'amour,
Rossignol, va voir ma maitresse
Au point du jour.
Vole & dis-lui dans ton langage
Tant amoureux,
Qu'il n'est que moi dans ce village
De malheureux.

*

Mais bien que ta voix si jolie
Ait mille appas,

Si ma maitreſſe eſt endormie,
Chante tout bas :
Parle du ton qu'Amour conſeille ;
Avec douceur,
Ne touche qu'un peu ſon oreille,
Beaucoup ſon cœur.

Tes cheveux ſont plus noirs qu'ébene,
Blanche eſt ta main ;
Le lys des champs égale à peine
Ceux de ton ſein.
Ta levre eſt la roſe nouvelle
Du point du jour ;
Et quand l'Amour te rend ſi belle,
Tu fuis l'Amour !

Ta beauté laiſſe tes compagnes
Au rang dernier,
Comme un ſapin dans nos campagnes
Le bas fraiſier.
Mais belle, hélas ! de ma tendreſſe
S'il faut parler,
Je n'ai rien vu que ta rudeſſe
Pour l'égaler.

Le ciel eſt témoin de mes peines
Et de mes pleurs ;
J'attendris l'écho de nos plaines
Par mes douleurs.
Toi ſeule tu ne fais que rire
De mon chagrin,
La mort au moins de mon martyre
Sera la fin.

Par bonheur écoutoit la belle
    Et sans ennui,
Et voyant bien qu'il n'aimoit qu'elle,
    N'aima que lui :
Un doux souris lui fait comprendre
    Qu'il est heureux ;
Mais il faudroit, pour le bien rendre,
    Aimer comme eux.

LE COMPAGNON

DE BELLE HUMEUR.

Etrennes gaillardes & chantantes, sur des airs nouveaux, connus & choisis, avec la parodie, en vaudevilles, de l'Opéra de Cephale & Procris, Ballet héroïque.

A Londres, & se trouve à Paris, chez *Langlois*, Libraire, rue du Petit-Pont.

Le titre de cet Almanach a fort peu de rapport avec ce qu'il renferme, huit chansons mal faites & une mauvaise parodie en font la base. Voyons quelques couplets.

LE CÉLIBATAIRE.

AIR : *Et voilà comme, & voilà justement.*

Damon est content de son sort.
Rien ne le trouble, & rien ne l'inquiette,

Comme il lui plaît, *il entre, il fort;*
Il boit, il mange, il veille, il dort.
On vouloit, *dans une entrefaite,*
Le marier. Non, non, reprit Damon;
Je ne fais pas fi j'ai tort ou raifon;
Mais je prétens refter garçon.

⁂

S'il furvenoit quelque marmot;
Car il én vient toujours *de part ou d'autre:*
C'eft dans ce moment là qu'il faut
Doubler la dépenfe auffi tôt.
Ciel! quel embarras eft le nôtre!
Ce font des cris de plus dans la maifon,
Je ne fais pas fi j'ai tort ou raifon;
Mais je prétens refter garçon.

⁂

L'Amour brille les premier jours;
Il dégénere enfuite en habitude,
Les dégoûts viennent *à leurs tours:*
L'inconftance les fait toujours.
Un jeune Abbé, pour le prélude,
Loge l'époux aux armes d'Actéon,
Je ne fais pas fi j'ai tort ou raifon;
Mais je prétens refter garçon.

Suit la parodie de Céphale & Procris. L'Auteur avoue qu'elle n'a été donnée à aucun théâtre. On n'a pas de peine à le croire. Cette parodie n'eft qu'un amas confus de mots qu'on a fait rimer tant bien que mal, & ne fert que de rempliffage pour un chétif Almanach, qui, fans doute, eft du nombre de ceux que M. D. V. D. vend à la douzaine au fieur Langlois.

LE CROUSTILLEUX,

Ou le friand Répertoire, Etrennes pour la présente année.

A Paris, chez *Valleyre*, rue de la Vieille-Bouclerie.

CET Almanach est moins mauvais que beaucoup d'autres ; mais le titre n'en est pas mieux rempli.

L'AMITIÉ VOYAGEUSE.

AIR : *La lumiere la plus pure.*

L'AMITIÉ, voyant le monde
Soumis aux loix de l'Amour,
Voulut de la terre & l'onde
Prendre l'empire à son tour.
Par ses innocentes fêtes
Et l'appât de ses bienfaits,
Elle fit plus de conquêtes
Que l'Amour avec ses traits.

Pour lui paroître fidele,
Chacun faisoit l'empressé,
Mais un tel excès de zele
Avoit l'air intéressé.
Un jour à ces cœurs avides

L'amitié rien ne donna ;
Elle parut les mains vuides,
Et chacun l'abandonna.

✠

Ah ! dit-elle, amis bizarres,
Cherchez des bienfaits ailleurs ;
Les miens vont être aussi rares
Que le seront les bons cœurs.
Quand je trouverai qui m'aime,
Mes tréfors feront les siens,
Je me donnerai moi-même,
Quand je n'aurai plus de biens.

Cette chanson est du P. la Sante, Jéfuite, qui l'avoit fait en 1736, pour une de ses petites pieces de collége.

LA BONNE PHILOSOPHIE.

AIR : *Trouver tout bon, c'eſt le vrai lot.*

FAUT-IL boire ? faut-il aimer ?
A tout de bon cœur je me livre,
Je me laiſſe aiſément charmer :
Tout vin, toute beauté m'enivre.
L'homme difficile eſt un ſot ;
Trouver tout bon, c'eſt le vrai lot.

✠

Le Champagne eſt mon favori ;
Sa mouſſe me plaît dans un verre ;
Mais, au défaut du Sylleri,

Je m'accommode du Tonnerre.
L'homme, &c.

*

Voulez-vous causer, disputer?
Voyez, choisissez la matiere.
Dieux & Rois sont à respecter;
Liberté sur le reste entiere.
L'homme, &c.

*

J'ai peu de biens, je suis content;
A moins je prendrois patience :
S'il m'en venoit trois fois autant,
Je me ferois à l'abondance.
L'homme, &c.

*

Sur un seul point il est permis
De se rendre plus difficile;
C'est sur le choix de ses amis;
Mais, le choix fait, soyez facile.
L'homme difficile est un sot,
Trouver tout bon, c'est le vrai lot.

LE GALANT BADINAGE.

Almanach nouveau.

A Paris, chez *Valleyre*, l'ainé, rue de la Vieille-Bouclerie.

Nous parcourons une prairie séche & aride, où l'on ne trouve presque point de

fleurs. Dans le petit nombre, cueillons celles
que nous pourrons. Il faut favoir fe contenter.

CHANSON.

AIR : *Dans un bois folitaire & fombre,*

PLUS je vous vois , plus je vous aime,
Rien n'eft égal à mon ardeur.
Hélas! que n'êtes-vous de même !
Que ne fixez-vous votre cœur !

Pfyché, cette beauté fuprême,
Qui de l'Amour bravoit les traits ;
Pfyché brûla pour l'Amour même,
D'abord qu'elle vit fes attraits.

Mais je vois mon erreur extrême ;
Un objet a fu vous charmer :
Narciffe n'aimoit que lui-même ,
Et c'eft ainfi que vous aimez.

Pour finir ma cruelle peine ,
Et rendre mon fort fans égal ;
Par pitié , charmante Climene ,
Abandonnez-moi mon rival.

LES DÉFINITIONS,

Ou l'art de fe récréer d'une maniere utile; Almanach dédié à M. deV * * par fon ami M * * * A. C. S. S.

A Paris, chez *Méquignon*, le jeune, Libraire, au Palais Marchand.

Cet Almanach, contient 80 charades, dont on trouve le mot dans deux tables qui font à la fin. Nous ne dirons rien fur le mauvais goût de ce genre de pièces : nous croirions infulter au fiecle. Ce qu'il y a de fingulier, c'eft que des gens fenfés aient pu s'en amufer : mais qui ne fait pas d'écart ?

LES DÉLICES DU CŒUR.

Etrennes à ma Belle, contenant les chanfons les plus agréables, fur les airs les plus nouveaux.

C'eft depuis que j'ai vu vos charmes,
Qu'à l'Amour j'ai rendu les armes.

A Paris, chez *Cailleau*, rue Saint-Seve-rin.

Les pieces de cet Almanach font toutes affez foibles. Un peu d'indulgence fera paffer les deux fuivantes.

COUPLETS.

Sur ces mots : *Que faut-il faire pour être heureux ?*

AIR : *Je vous obtiens.*

Je connois peu l'art brillant du grand monde,
  Et suis peu fait pour ses plaisirs.
A méditer dans une paix profonde
  J'ai toujours borné mes désirs.
Pour être heureux, sans fuir ma solitude ,
  Peu de biens rempliroient mon cœur ;
  L'amitié, l'aisance & l'étude
  Feroient ma gloire & mon bonheur.

Qu'une jeunesse ignorante & frivole
  S'applaudisse de ses défauts :
Je n'irai point à sa funeste école
  Apprendre l'art de plaire aux sots.
Le jeu, l'amour, le luxe à l'indigence
  Conduisent avec deshonneur.
  L'amitié, l'étude & l'aisance
  Feront ma gloire & mon bonheur.

Tendres amans, qui pour des inhumaines
  Soupirez inutilement ,
Vous qui pour plaire à des coquettes vaines
  Perdez vos soins également,
Daignez venir jusqu'en ma solitude
  Apprendre l'art du vrai bonheur :
  L'amitié, l'aisance & l'étude
  De concert y charment le cœur.

De la fortune ambitieux efclaves,
    Qui vous liez au char des Rois;
Vous qui de l'or en portant les entraves
    Ne connoiffez pas d'autres loix :
Vifitez-moi ; vous pourrez reconnoître
    L'infuffifance de vos vœux :
    Les arts, des amis, un bien-être,
    Ces tréfors feuls font des heureux.

COUPLET.

A des nouveaux mariés.

AIR : *Fourniffez un canal au ruiffeau.*

PUISSIEZ-VOUS ne trouver que des fleurs
    Dans cet hymen qui vous engage !
Que le plus tendre amour en vos cœurs
Ait toujours fur ce Dieu l'avantage.
    Il n'eft pas de plaifir plus grand
    Que s'aimer, le dire fans ceffe.
    L'Hymen eft trifte fans tendreffe ;
    Avec l'Amour il eft charmant.

LES ENFANS

DE LA JUBILATION.

Etrennes chantantes, avec la guérifon
mortelle, nouvelle parodie, en vaudevilles, de
l'Opéra d'Alcefte, fur des airs nouveaux,
connus & choifis, par M. D. V. D***
A l'Ifle des Plaifirs, & fe trouve à Paris,

chez *Langlois*, Libraire, rue du Petit-Pont.

Toujours plus de mauvais que de bon, dans les Almanachs de cette fabrique. Du bon! c'est trop dire ; il faut se contenter quand on y trouve du passable.

LES AVANTAGES DE LA RÉCOLTE.

LA vigne a des attraits puissans :
Que j'aime quand elle bourgeonne !
On la voit pleurer au printemps,
Pour nous faire rire en automne.

*

Par elle, par son jus divin,
Bravons l'hiver qui nous menace :
Avec l'ardeur de ce bon vin
Nous en ferons fondre la glace.

*

Contre la bise & ses efforts
La vigne nous prête des flammes :
Son sarment dégourdit nos corps,
Et son jus réchauffe nos ames.

Le dialogue entre la Déesse de la joie, un enfant de la Jubilation & son maître d'école, est un pur enfantillage, qui fait pourtant la majeure partie de l'Almanach ; il seroit digne tout au plus d'être laissé aux enfans de cinq à six ans, si la prudence n'exigeoit pas qu'on leur en défendît la lecture.

Nous avons annoncé une Parodie d'Al-
ceste ; elle est intitulée *la guérison mortelle*.
Le titre seul peut & doit dégoûter de l'ouvrage. Qu'est-ce qu'une guérison mortelle?
Au surplus, le tout ennuie mortellement.

LE PETIT DEVIN

DE CYTHERE.

Ou le plaisir des belles, &c.

Chez *Cailleau*, Imprimeur-Libraire, rue
Saint Severin.

Sans prétendre élever cet Almanach chantant au-dessus des petites nouveautés de ce
genre, nous le trouvons beaucoup mieux
fait & plus agréable qu'un *Almanach du Sort*,
dont il sera fait mention, ci-après. On y
rencontre du moins par fois quelques couplets, qu'il est possible d'entendre chanter
sans dégoût, & qui peuvent même faire un
instant l'amusement des Sociétés. Tel est
par exemple le n°. 3.

AIR : *Du Menuet des Francs-Maçons.*

L'HYMEN qui flatte ton envie,
De mille malheurs
Bientôt traversera ta vie.

En

En verfant des pleurs,
Tu reconnoîtras ta folie ;
Et *pour te mettre à la raifon,*
Ta femme coquette & jolie
Fera le diable à la maifon.

Cette prédiction, comme l'on voit, eft pour les hommes ; & l'on n'a jamais douté de fon infaillibilité.

N°. 3. AIR : *Nous fommes Précepteurs,* &c.

POURQUOI cherchez-vous à favoir
Si votre époux s'amufe en ville ?
S'il fait avec vous fon devoir,
Votre recherche eft inutile.

Excellent confeil, dont bien peu de femmes feront leur profit.

N°. 81. AIR : *A table je fuis Grégoire.*

LE mari qu'on vous ménage,
Pour contenter vos defirs,
Dans votre petit ménage
Partagera vos plaifirs :
Toujours prêt à rire & boire,
Sans jamais changer de ton,
A table il fera Grégoire,
Et Tircis fur le gazon.

LES CINQ SENS DE LA NATURE.

A CLIMENE.

AIR : *L'Amant frivole & volage.*

J'AI bu du vin chez Silene ;
J'ai senti parfums & fleurs ;
Je vois les yeux de Climene,
J'entends ses accens flatteurs :
Le plaisir en est extrême ;
Mais auprès d'elle je sens
Que le toucher, quand on aime,
Est le plus parfait des sens.

LE PETIT DIABLE.

Etrennes magiques de l'Amour , Almanach
chantant, &c.

Chez *Cailleau.*

Encore un Almanach de bonne aventure !
Il commence par ce vaudeville servant de
préface.

AIR : *La bonne Aventure.*

JE suis moins diable que fin ;
Ma science est sûre.
Je vais, au nom du destin ,

Vous dire d'un ton badin
La bonne aventure
O gué !
La bonne aventure.

*

Ecoutez, Abbé poupin,
A lefte vêture :
Près du fexe féminin
Vous cherchez foir & matin
La bonne, &c.

*

Ecoutez, plumet blondin,
A pâle figure :
Bien fouvent votre air faquin
Vous fait trouver fous la main
La bonne, &c.

*

Ecoutez, époux taquin,
Qui toujours cenfure :
Gronde-t-on fa femme en vain,
Sans qu'elle ait chez fon voifin
La bonne, &c.

*

Ecoutez, vieillard chagrin,
Craignant la coeffure,
Quand vous feriez le lutin,
Vous aurez, pour le certain,
Mauvaife aventure, &c.

*

Ecoutez, fluet robin,
A belle frifure,

Il faut du ton plus malin
Pour avoir près de Catin
La bonne, &c.

Ecoutez, fier citadin,
    Couvert de dorure,
Quelque créancier mutin
Va vous caufer à la fin
    Mauvaife aventure, &c.

Ecoutez, grand médecin,
    Gonflé de fourure :
Pour le pauvre genre humain
Suit de votre art aflaflin
    Mauvaife aventure, &c.

✤

Ecoutez, page malin,
    Qui cherche l'allure :
Une Iris en cafaquin
Vous vend à moins d'un fequin
    Mauvaife aventure, &c.

On ne nous fera pas l'injuftice de croire que nous avons trouvé quelque chofe de bon dans ce vaudeville. Il eft chantant & à la portée de la multitude : voilà fon mérite. Tous les couplets du Petit-Diable font de la même trempe. Nous croyons cependant devoir en diftinguer deux plus paffables que les autres.

AIR : *A la façon de Barbari.*

LE sot mari que vous aurez
Sera d'humeur commode.
Fort aisément vous en ferez
Un époux à la mode.
Il vous chérira tout de bon,
La faridondaine
La faridondon
Vous lui serez fidelle aussi
Biribi
A la façon de Barbari
Mon ami.

AIR : *Du Prévôt des Marchands.*

A voltiger de fleur en fleur
Le papillon met son bonheur :
D'imiter son humeur volage
Tu pourras bien te repentir.
Un cœur, dont on fait trop d'usage ;
Refuse à la fin de servir.

AIR : *Mon Pere je viens devant vous.*

TON Amant fort laborieux,
Semble né pour être en ménage,
Les femmes l'aiment d'autant mieux,
Qu'il fait lui-même son ouvrage,
Et que dans un besoin aussi,
Il feroit l'ouvrage d'autrui.

LE DON DE L'AMITIÉ.

Etrennes à ma bonne amie ; Almanach chantant, fur des airs parodiés d'après les plus jolies ariettes.

Iris, le plus pur fentiment,
A fait cet Almanach chantant.

A Amathonte; & à Paris, chez *Cailleau*, rue Saint Severin.

LA FILLE PRUDENTE.

AIR : *De mon Berger volage.*

En m'ordonnant, ma mere,
D'éviter tout amant,
Vous exceptez, j'efpere,
Un ami complaifant.
Si l'amant peut nous nuire,
L'ami nous protéger,
L'un cherche à nous féduire,
L'autre à nous obliger.

✦

L'amant qui veut nous plaire
Nous enivre d'encens ;
Mais d'un ami fincere
Qui craindroit les accens?
L'un, perfide & volage,
En veut à notre honneur ;

L'autre conftant & fage
N'en veut qu'à notre cœur.
Daignez, daignez m'apprendre
Ce que c'eft que l'Amour,
S'il ne faut qu'un cœur tendre,
Je l'eus jufqu'à ce jour.
Par où, fans le connoître,
Eviter un défaut ?
J'aime déjà peut-être :
Du moins j'ai ce qu'il faut.

Plaignons l'Auteur de ces couplets : plaignons ceux qui feront obligés de les lire.

A une Demoifelle, en lui offrant un Bouquet

AIR : *Je vous obtiens.*

Voyez ces fleurs que la verdure ombrae
   C'eft l'image de vos attraits.
Fraîche & vermeille, à la fleur de votre âge,
   La gaieté refpire en vos traits.
Ce font les fleurs, dans le cours de la vie,
   Qui nous annoncent les beaux jours ;
   Et les beaux jours, belle Silvie,
Sont les meffagers des amours.

LE DON DE L'AMOUR.

Etrennes lyri-comiques, dédiées au beau sexe.

A Golconde, & à Paris, chez *Cailleau*, Libraire, rue Saint Séverin.

La Montagne en travail enfante une souris.

Une farce pitoyable, Intitulée *l'Amour au Village*, farce que les tréteaux même du boulevard désavoueroient, n'est pas ce que semble annoncer le Don de l'Amour. Mais c'est apparemment tout ce que l'Auteur avoit à nous offrir, aussi le Lecteur le moins difficile fera très-bien de s'en passer.

LE DON DU CŒUR.

Ou les Etrennes de l'Amitié & de la reconnoissance.

Puisse ce don être à jamais le gage,
De mon respect pour vous & de mon tendre hommage !

A Lacédémone, & à Paris, chez *Cailleau*, rue Saint Severin.

Est-ce l'expression, est-ce le sentiment qu'on desire dans ces Etrennes ? Nous pensons

fons que tous les deux manquent à-la-fois.
Il ne faut pas fe cacher fous un fi grand
titre, ni fe faire imprimer, quand on n'a
rien de bon à dire; le Lecteur en jugera par
le morceau qui fuit.

ÉPILOGUE.

AIR : *On ne s'avife jamais de tout.*

DES almanachs chantans voici la perle :
  Lecteur, que vous devez le chérir !
Et s'il vous donne un moment de plaifir,
  Croyez que je fuis un fin merle,
    Il eft toujours bien doux,
      Quand pour vous
        L'on travaille,
        L'on travaille
      Suivant votre goût.
    Je veux de moi que l'on dife
      Ah ! qu'il s'avife   }
      Fort bien de tout !   } Bis.

Pour croire l'Auteur un fin merle, nous
penfons qu'il n'auroit pas dû s'avifer de cet
Almanach.

LE DON DU SENTIMENT.

Etrennes expreſſives du cœur ; Almanach chantant, contenant des vaudevilles parodiés ſur les ariettes les plus jolies & les plus nouvelles.

> Puiſſent, Iris, ces petites Etrennes,
> Vous engager à me donner les miennes.

A Paphos, chez *Anacréon*, rue de la Fleche, au Carquois.

On trouve dans ces Etrennes, qui renferment des pieces de ſociété, ce que l'on deſire dans la plupart des autres, de l'eſprit, & du ſentiment. Le Lecteur en jugera par les morceaux ſuivans que nous prenons au haſard.

A MADEMOISELLE ***

AIR : *L'Amant frivole & volage.*

C'EST le Dieu de la tendreſſe
Qui me dicte ces couplets :
Beauté, talens & ſageſſe,
Voilà mes divers ſujets :
A qui puis-je en faire hommage
Plus juſtement qu'aux beautés

Qui, dans la fleur de leur âge,
Ont toutes ces qualités.

L'AMITI

AIR : *d'Epicure.*

UN heureux hazard nous assemble :
Cher camarade, en ce beau jour,
Goûtons le plaisir d'être ensemble
Et célébrons votre retour.
L'amitié sincere a des charmes
Qui valent bien ceux de l'Amour :
Elle ne cause point d'alarmes ;
Les amis jouissent *toujours.*

Pour la plus fidelle maitresse
On dévore bien des chagrins,
Et dans le sein de la tendresse
Il est peu de jours bien sereins.
L'amitié seule est sans nuage :
Rien n'en altere les douceurs ;
L'Amour dans un triste esclavage
Enchaîne & tourmente les cœurs.

IMPROMPTU,

*Sur le reproche qu'on faisoit à l'Auteur, de
n'avoir fait aucun couplet sur la bonté du
Roi Louis XVI.*

AIR : *Je vais te voir, charmante Lise.*

OUI, le zele & la bienfaisance
D'un Roi justement adoré,

D'amour & de reconnoissance,
Ainsi que vous, m'ont pénétré.
Mais ma muse est une bergere
Qui jouit des bienfaits des Rois,
Sans avoir l'orgueil téméraire
De leur faire entendre sa voix.

✳

Des sons d'une simple musette
Elle accompagne ses accens;
Elle embouche peu la trompette,
Et ne donne jamais d'encens.
C'est une modeste bergere
Sensible aux bienfaits de ses Rois,
Qui ne cherche pas à leur plaire
Par sa timide & foible voix.

A MADAME ***

Sur une Loterie gratuite qu'elle faisoit tirer le jour de sa fête.

AIR : *Je vous obtiens , &c.*

Si vous voulez qu'à votre loterie
    Tout le monde accoure au galop ,
Faites savoir, soit dit sans flatterie,
    Que votre cœur est le gros lot.
Lors vous verrez, jeune & vieux, fol & sage
      S'empresser tous
      Autour de vous,
    Et tâcher d'avoir en partage
    Le lot qui les rendra jaloux.

Quoiqu'il en soit, cet Almanach est bien
foible en poésie & en expression.

LE DROLE DE CORPS.

Almanach chantant, fur des airs nouveaux connus & choifis, par M. D. V. D..

A l'Ifle des Plaifirs, à Paris, chez *Langlois*, rue du Petit-Pont.

A la lecture de cet Almanach, on ne devineroit jamais fon titre. Il promet beaucoup & ne donne rien ; mais c'eft l'ufage dans cette fabrique de *la rue du Petit-Pont*. Contentons-nous de citer ce que nous trouverons de moins mauvais. Si le Lecteur n'eft pas content, nous aurons été les premiers attrapés.

VAUDEVILLÉ.

Air : *Vive Henri.*

Débitons d'aimables fornettes,
Des colibets & des bons mots.
Par de riantes chanfonnettes
Il faut égayer nos propos.
Un peu de critique
Dans un banquet jamais ne nuit :
C'eft un bon mets qui réveille & qui pique.
Chacun en rit, chacun en rit.

P 3

Tel est le début qui n'est pas merveilleux ; mais gare ! voici de l'esprit, & de l'esprit le plus fin de M. D. V. D.

DÉCLARATION D'AMOUR.

AIR : *Je suis Lindor*, &c.

SANS badiner, je vous aime, Lisette :
En vous aimant, je voudrois badiner ;
En badinant je voudrois vous donner
Un gage sûr de mon ardeur parfaite.

L'ÉCOLE DU PLAISIR.

Etrennes à la mode , composées de Parodies, d'Ariettes nouvelles & de Vaudevilles, choisis par M. D. V. D....

A Paris, chez *Langlois* , rue du Petit-Pont.

S'IL faut avouer qu'il n'y a gueres de plume plus féconde que celle de M. D. V. D. qui nous a donné dans une seule année douze mortels & ennuyeux Almanachs, il faut convenir aussi qu'il n'y en a point de plus médiocre, pour ne rien dire de plus. Qu'on en juge par la piece qui termine ces Étrennes. On y trouvera tout-à-la-fois, le style, le caractere, l'état de l'Auteur, le goût & le discernement du Libraire.

ÉPILOGUE.

Air : *Des Trembleurs.*

Voila bien du gribouillage,
Pour compofer mainte page ;
Que le marchand m'encourage,
Je finis-là mon labeur.
L'auteur, qui pour vous s'empreffe,
Lorfque par trop on l'oppreffe,
Fait fouvent crier la preffe,
Le libraire & le lecteur.

L'ENCYCLOPÉDIE

DES BELLES.

Etrennes amufantes, *enrichies du* Petit
Prophete.

De fciences & d'arts entretenir les belles
  C'eft le moyen d'être mal venu d'elles :
  Voulez-vous plaire & faire votre cour ?
  Amufez-les & parlez leur d'amour.

A Paris, chez *Cailleau*, Imprimeur Libraire, rue Saint Séverin.

L'auteur, en écrivant cette Épigraphe,
n'a sûrement entendu parler que des belles
de fa connoiffance. Nous en connoiffons,

nous, un grand nombre qui non-seulement aiment à s'entretenir de Sciences & d'Arts, mais encore qui les cultivent.

Voyons d'ailleurs les vers que l'Auteur adresse au Public ; cette lecture suffira pour faire juger de son peu de mérite.

AU PUBLIC.

Air : *Tout roule aujourd'hui dans le monde.*

Mince auteur, quelle est ta manie,
Va-t-on me dire à l'unisson ?
Sais-tu qu'à la fin on s'ennuie
Des impromptus de ta façon.
Tu compiles sur ton pupître
Un amas de fades couplets,
Et sur le tout brochant un titre,
Tu crois tes ouvrages complets.

Air : *Réveillez-vous belle endormie.*

Messieurs, le zele qui m'anime
Du bon sens ne suit pas la loi ;
Mais, tenez, il faut que je rime :
Ce penchant est plus fort que moi.

Air : *Du confiteor.*

Imitant nos fiers matelots,
Je m'expose encore à l'orage.
Je crains peu la fureur des flots,
Et les approches du naufrage.
Ce n'est que l'intrépidité,
Qui donne un succès mérité.

Le Petit Prophete qui se trouve dans le corps de l'Almanach, est une invention de l'Auteur, pour completter son volume. Comment écrire de pareilles niaiseries ? Comment les imprimer ? Mais de quoi ne vient-on pas à bout avec de l'intrépidité ?

ÉTAT DE LA NOBLESSE,

Année 1782.

CONTENANT 1°. l'état actuel de la Maison de Bourbon, & des Princes du sang ; 2°. les Chapitres nobles dans lesquels la Noblesse peut être admise ; 3°. l'origine des familles ; 4°. leur état actuel ; 5°. leurs alliances ; 6°. l'explication de leurs armes, pour servir de supplément à tous les ouvrages historiques, chronologiques, généalogiques, & de suite à la collection des *Etrennes à la Noblesse*, ouvrage aussi intéressant qu'utile, rédigé par une Société de Généalogistes.

A Paris, chez *le Boucher*, quai de Gesvres, *Onfroi* & *l'Amy*, quai des Augustins, 1782, 2 vol. petit *in*-8°. prix 4 liv. 10 sols brochés. Ces volumes seront accompagnés, cette année, de trois autres, dont le 3ᵉ. sera l'armorial ou explication du blason. Les tomes 4 & 5 contiendront les blasons &

armes en gravure des Familles nobles. Le
prix de ces trois derniers volumes, sera de
9 liv. brochés.

ÉTAT MILITAIRE

DE FRANCE.

Par MM. Montandre, Longchamp, Chevalier de Montandre & de Roussel.

A Paris, chez *Onfroy*, quai des Augustins.

Cet Almanach est utile pour les personnes
qui s'intéressent au Militaire. Elles y trouveront ce qui concerne le ministere de la
Guerre, les Intendans des Généralités &
Provinces du Royaume, les Commissaires
des Guerres, Trésoriers-Généraux, &c. les
Officiers-Généraux, Maréchaux de France,
Lieutenans-Généraux des Armées du Roi,
Maréchaux de camp, Brigadiers d'Infanterie, de Cavalerie, de Dragons, &c. Ordre
du Saint Esprit, de Saint Louis, du Mérite
militaire. La Maison du Roi, Gardes du
corps, Cent-Suisses, Gardes de la Porte,
de la Prévôté de l'Hôtel, Gendarmes de la
garde, Chevaux-Légers, Grenadiers à che-

val; les Régimens de l'Infanterie Françoise & étrangere, ainsi que des Dragons, par ordre alphabétique, les Régimens des Recrues. On a poussé l'attention jusqu'à décrire l'uniforme de chaque Régiment dans le plus grand détail. On trouvera encore dans ce recueil, ce qui concerne le Militaire de l'Hôtel royal des Invalides, les Compagnies détachées des Invalides, l'Ecole Royale Militaire, les Maréchaussées, la Compagnie du Lieutenant Criminel de Robe-courte, la Compagnie du Prévost Général de l'Isle de France, enfin une notice des Ordonnances militaires. Ce détail est suffisant pour faire connoître l'avantage de ce livre, qui d'ailleurs est bien fait, utile & agréable. M. Gibert, Censeur, a cru devoir l'avancer dans son approbation, & c'est une justice qu'il a rendue.

⋇══════════⋇

ÉTRENNES DE L'AMITIÉ.

Ou nouvel Almanach des Francs-Maçons.

Odi profanum vulgus & arceo.

A Paris, chez la Veuve *Duchesne*, rue Saint Jacques.

ON ne fera pas à l'Auteur de cet Almanach, qui se dit Frere Nau, le reproche

d'avoir trahi le ſecret de l'Ordre. Il ne
nous donne que des couplets, des chanſons,
des cantiques relatifs à la maçonnerie, &
purement ſymboliques. Voici ce que nous
avons trouvé de mieux dans ces Etrennes.

LE PRINTEMS.

Aux Prophanes.

AIR : *Vaudeville d'Epicure.*

SI les fleurs étoient immortelles,
Le printemps régneroit toujours :
Mais hélas ! on voit les plus belles
Naître & finir en peu de jours.
Voulez-vous jouir de parterres
Dont l'hyver n'approche jamais ?
En rez dans l'ordie de nos Freres,
Venez habiter leurs palais.

✦

Vous n'y verrez point d'anémone ;
De roſe, d'œillet, ni de thim :
Ce ne ſont point les noms qu'on donne
Aux belles fleurs de leur jardin.
Sentiment, concorde, ſageſſe,
Tendre amitié, parfait plaiſir,
Voilà les fleurs qu'on voit ſans ceſſe
Pour les Maçons s'épanouir.

❧

DANS NOS REPAS POINT DE VALETS.

AIR : *La feuille à l'envers.*

Si l'on a quelque grace à rendre
Aux immortels pour des bienfaits,
C'est pour celui de ne dépendre
D'aucuns serviteurs ni valets.
Heureux l'homme qu'un sort propice
A ce joug n'a point asservi !
Gagner quelqu'un à son service,
C'est acheter un ennemi.

CANTIQUE MAÇONNIQUE.

AIR : *Découpez, découpez donc.*

L'ordre illustre des Francs-Maçons
De vives lumieres
Remplit les deux hémispheres :
L'ordre illustre des Francs-Maçons
Donne au genre humain les plus sages leçons
Maçonnons, maçonnons, maçonnons bien
Au torrent des vices
Opposons nos édifices.
Maçonnons, maçonnons, maçonnons bien;
Que la vertu soit toujours notre lien.

Le compas comme le niveau,
La regle & l'équerre
Sont les instrumens d'un frere;
Non pour élever un château :
Des mœurs ce sont le symbolique tableau.
Maçonnons, maçonnons, maçonnons bien;
Par nos bons exemples

Aux vertus dreſſons des temples.
Maçonnons, maçonnons, maçonnons bien,
Et que la ſageſſe ſoit notre lien.

Loin que l'or, la fauſſe grandeur
Ici nous impoſe,
Tout vain luxe s'y dépoſe.
Jamais l'or, la fauſſe grandeur
Parmi nous ne trouve aucun adorateur.
Maçonnez, maçonnez, maçonnez bien,
Diſons nous ſans ceſſe
Aux riches, a la nobleſſe.
Maçonnez, maçonnez, maçonnez bien;
C'eſt l'égalité qui fait notre lien.

Une foibleſſe, un peu d'humeur,
[Car enfin nous ſommes
Nés comme les autres hommes]
Une foibleſſe, un peu d'humeur
N'eſt jamais par eux repris avec aigreur.
Maçonnons, maçonnons, maçonnons bien;
Par reconnoiſſance
Pour leurs ſoins, leur indulgence;
Maçonnons, maçonnons, maçonnons bien;
Reſſerrons ainſi notre charmant lien.

AU MAITRE.

Vous qui dirigez l'Orient,
Recevez le gage.
De notre ſincere hommage.

AUX SURVEILLANS.

Et vous qui réglez l'Occident,
Nous vous adreſſons le plus pur ſentiment.

Maçonnons, maçonnons, maçonnons bien ;

On charge.

Portons , mes chers Freres ,
Trois fantés qui nous font cheres,
Maçonnons , maçonnons , maçonnons bien ;
Bon feu par trois fois , & qu'il n'y manque rien.

Le feu s'exécute.

Voyez le MANUEL DES FRANCS - MAÇONS.

ÉTRENNES DE L'AMOUR.

Almanach chantant , joyeux , tendre , critique & anecdotique.

A Paris , chez la veuve *Duchefne* , rue Saint-Jacques.

Tour confideré, l'Auteur auroit fait prudemment de ne montrer au grand jour aucune des pieces qui compofent cet Almanach. Outre qu'elles ne valent pas grand'chofe & que plufieurs font trop libres , il étoit inutile de fatiguer le Lecteur par des titres mordans qui n'intéreffent perfonne. Tel eft entr'autres celui-ci.

SUR UN HOMME.

*Fort vain, en Province, Membre d'un
Corps, dans le cas, par état, d'instruire
& d'édifier souvent le Prochain, qui avoit
osé dire, en parlant en Public, que lui
& ses confreres feroient des discours meilleurs
& plus relevés, s'ils avoient à faire à des
gens capables de les entendre.*

Nous demandons grace au Lecteur pour
ce début provincial & fastidieux; en revan-
che, nous lui ferons grace de la chanson.
Cependant comme on pourroit nous reprocher de juger cavalierement un Auteur de
pieces nouvelles, nous croyons devoir exposer la suivante aux yeux du Public.

RÉPONSE.

*A plusieurs Demoiselles qui avoient adressé
à l'Auteur une lettre anonyme , contenant
une Epigramme contre lui , dont le sens
étoit , vous vous mêlez de Poësie ; vous
n'avez plus qu'à chercher la rime, on
vous envoie la raison.*

AIR : *Du charivari,*

Profitez , pauvres femelles ,
   De la leçon :
J'ai de vos pauvres cervelles
Compassion ,

Vous

Vous ne connoiffez que le nom
De la raifon.

✠

Tâchez d'en avoir l'ufage,
Pour vous fervir.
Nulle d'entre vous n'eft fage
D'ofer l'offrir.
Appliquez vos ftériles foins
A vos befoins.

✠

Penfez-vous être des Mufes?
C'eft un abus.
Vous n'êtes qu'au rang des bufes;
Oui, tout au plus.
On juge ainfi de votre efprit
Par votre écrit.

✠

Sans cadence, fans mefure;
Bien loin du ton,
Votre archet écorche & jure
Sur un raclon.
Vous croyez toucher d'Apollon
Le violon.

✠

Cerveaux du plus bas étage,
Ah! qu'il m'eft doux
D'être indigne d'un fuffrage
Qui vient de vous!
Il faut, pour defirer ce lot,
Etre un vrai fot.

✠

Q

Si votre ame n'eft habile
Au repentir,
Vos noms pourront par la ville
Bientôt courir.
Chacun au doigt vous montrera,
Et l'on rira.

Il y a peu de chanfons auffi bêtement écrites que celle-ci. Nous confeillons aux Demoifelles contre qui l'Auteur l'a compofée, & qui lui ont envoyé *la raifon*, de lui envoyer auffi, par le premier Courier, *le fens commun*.

<hr>

ÉTRENNES

A MA BIEN AIMÉE.

Almanack pofthume d'un Chanfonnier vivant, en dépit de Minerve.

A Corinthe ; & à Paris, chez la Veuve *Duchefne*, rue Saint Jacques.

Ces Etrennes font comme beaucoup d'autres. Parmi les pieces qu'elles contiennent, il y en a beaucoup de médiocres & encore plus de mauvaifes.

L'ORIGINAL SURPASSE LA COPIE.

AIR : *Jusques dans la moindre chose.*

THEMIRE a de la nature
La noble simplicité.
Eh ! que pourroit la parure
Ajouter à sa beauté ?
Son œil les desirs éveille :
C'est comme un astre naissant.
Mais sur-tout quelle merveille
Doit révéler son couchant !

Voilà sans doute ce qui s'appelle écrire en dépit de Minerve, nous ajoutons & en dépit du bon sens.

━━━━━━━━━━━━━━━━━━

ÉTRENNES ÉNIGMATIQUES,
Ou Recueil d'Enigmes choisies.

A Paris, chez *Fournier*, rue du Hurepoix.

C'EST un passe-tems que l'on propose : y bâillera qui voudra ; il faut des ouvrages de tous les genres, pour satisfaire tous les goûts. Tel est en général le but des Almanachs ; mais il seroit à souhaiter que l'on fût plus attentif à ne donner au Public que des choses soit utiles, soit agréables, & que les Libraires n'abusassent point de l'Amour des nouveautés, pour augmenter leur vente, comme il n'arrive que trop souvent en revêtant de titres pompeux des riens qui ne peuvent qu'exciter la pitié.

ÉTRENNES DE LA GAIETÉ

ET DU GOUT;

Ou Recueil de Chanfons & Couplets bachiques, par M. D.

A Paris, chez *Langlois*, rue du Petit-Pont.

QUAND M. Langlois ne vendra que des Etrennes femblables, on pourra lui avoir quelque obligation. Dans celles-ci, l'on trouvera à peu-près la moitié de ce que promet le titre. On ne perdra pas du moins tout fon temps à les parcourir, comme la plupart de fes autres Almanachs.

CONSEIL.

AIR : *De Joconde.*

ECOUTE, écoute, amant jaloux,
Ce que je te confeille :
Tu n'aimes pas plus les yeux doux
Que j'aime la bouteille ;
Ainfi que je la traite, apprens

A traiter ta bergere :
Je la quitte, dès que je sens
Qu'elle devient légere.

PLAINTES RÉCIPROQUES.

AIR : *Des Folies d'Espagne.*

Vous soupirez de voir que votre Aminte
N'a rien pour vous que rigueur & mépris ;
Moi je me plains que ma charmante pinte
N'égale point celle de Saint-Denis.

ÉLOGE DE LA TABLE.

AIR : *Autrefois à sa Maitresse.*

Le vrai plaisir de la table
Ne se goûte qu'à l'écart :
On n'y trouve rien d'aimable
Parmi le tiers & le quart.
Dans une troupe choisie
Chaque mot est un bon plat ;
D'une fine raillerie
On s'amuse, on fait état ;
Tout vin paroît ambroisie,
Le plus dur est délicat :
Mais tout vin est vin de Brie,
Quand on boit avec un fat.

Près d'un objet tout aimable
J'aurois fixé mon destin ;
Mais je n'ai trouvé qu'à table
Tous les plaisirs sans chagrin.
Là les verres sont des armes
Dont on ne craint pas le bruit ;

Là cent bons mots pleins de charmes
Du vin qu'on boit font le fruit :
Là sans crainte, sans alarmes,
Fanchon cede à petit bruit ;
Là , si l'on verse des larmes ,
C'est le vin qui les produit.

MORALE ÉPICURIENNE.

AIR : *Entre l'Amour & la raison.*

Il faut toujours savoir saisir
Le moment qui fait le plaisir ;
C'est un soin que nous devons prendre :
Mais afin d'en pouvoir jouir ,
On doit souvent le prévenir ;
Ce n'est pas assez de l'attendre.

✳

On le perd quand on le remet ;
Souvent il s'éloigne tout net.
Le plaisir veut que l'on s'empresse :
Il faut le saisir au collet.
Quelquefois l'Amour en promet ,
Et tient rarement sa promesse.

EFFET DU VIN.

AIR : *De Joconde.*

Du vin je suis toujours charmé ,
    Quelle que soit ma chaîne.
Lorsque je ne suis point aimé ,
    Il soulage ma peine ;
Mais lorsque je plais par bonheur
    A celle que j'adore ,

Loin de rallentir mon ardeur,
Il la redouble encore.

VÉRITÉ.

AIR : *Des Fleurs de Rhétorique.*

Ici-bas tout à son tour ;
Le défespoir fuit l'amour,
La rage un joueur,
La faim le chaffeur,
La mort l'homme de guerre ;
Mais la gaieté fuit un buveur
Qui n'aime que fon verre
                    Lon là,
Qui n'aime que fon verre.

ÉTRENNES LYRIQUES,

ANACRÉONTIQUES,

Pour l'année 1782 *, préfentées à* Madame *,
Sœur du Roi.*

A Paris, chez l'Auteur, rue des Nonain-
dieres, au coin de celle de la Mortellerie.

C'est à M. *Cholet de Jetphort*, Avocat,
qui a obtenu le privilége du Roi pour cet
ouvrage, qu'il faut adreffer port franc, &
figner les lettres qu'on voudra faire in-

férer dans son Recueil, &c. M. Cholet de Jetphort a fort heureusement imaginé de nous donner tous les ans un recueil des meilleures chansons de l'année precédente, & l'on ne peut qu'applaudir une entreprise qui fait honneur, tout-à-la-fois, à la poésie & à la gaieté françoise. Dans la quantité de pieces qui composent les Etrennes-Lyriques (volume in-12 de 350 pages) nous en avons trouvé beaucoup de bonnes. Il faudroit copier ici la moitié du volume, si nous voulions offrir au Public tout ce qui nous a paru digne d'être cité. Contentons-nous de quatre ou cinq chansons les mieux faites.

LE PROFESSEUR D'AMOUR.

AIR : *Du Serin qui te fait envie.*

Venez à moi, jeune bergere,
Qui passez l'âge de quinze ans,
Et qui voulez de l'art de plaire
Etudier les élémens :
Si dans votre cœur l'espérance
Allume le feu des desirs,
Approchez avec confiance :
Je tiens école de plaisirs.

✠

Dans la Faculté d'Idalie
J'ai pris le bonnet de Docteur ;
J'enseigne à jouir de la vie ;
J'enseigne à saisir le bonheur.

Sans

Sans cesse je suis sur les traces
Des jeux, des ris, de la gaieté,
Et, par l'ordre même des graces,
J'analyse la volupté.

De la seche philosophie
Je fuis les vains raisonnemens ;
Et c'est le Dieu de la folie
Qui me dicte mes argumens:
Je sais, en joignant la pratique
A l'excellence des raisons,
Par l'expérience physique,
Donner du poids à mes leçons.

Mes séances ne sont pas cheres ;
Il est aisé de me payer ;
Je ne prends pour mes honoraires
Que le don d'un simple baiser.
En amour, la Nymphe docile,
Quand elle entend ses intérêts,
Au village comme à la ville,
Fait promptement bien des progrès.

Par *M. Regnault de Chaours.*

A MON ÉGLÉ.

AIR : *Vous qui de l'amoureuse ivresse.*

TANT qu'Eglé me fut inconnue,
J'étois heureux.
Pourquoi vint-elle de sa vue
Frapper mes yeux ?
J'ai voulu cacher ma foiblesse ;

R

Mais , fans détour ,
Je crois que le trait qui me bleffe
C'eft de l'amour.

❖

Tant d'attraits ne font pas fans doute
Pour l'amitié :
Ce regard , qu'en vain on redoute,
Ce joli pié ,
Ce fein , où l'amour fous les armes
Fait fon féjour ,
Oui , tout me dit que tant de charmes
Sont pour l'amour.

❖

Hier d'une rofe nouvelle
Licas l'orna ;
Sa blanche main , fa main fi belle
Me la donna.
Ce n'étoit point l'effet en elle
D'un doux retour :
Les cadeaux que fait cette belle
Sont fans amour.

❖

Sans doute on peut être adorable
Sans un amant ;
Mais une belle eft plus aimable
En nous aimant.
Heureufe la femme jolie ,
Qui , chaque jour ,
Met dans la coupe de la vie
Un grain d'amour !

Par *M. LALLEMAN.*

L'AMOUR PROCUREUR.

AIR : *Jupiter un jour en fureur.*

L'AMOUR seroit bon Procureur :
De toute main il aime à prendre :
Qui mieux que l'Amour sait défendre
　　Les vrais intérêts du cœur ?
Qui mieux que lui dresse un mémoire ?
Par lui combien d'amans admis
　　Obtiennent sur les maris
　　Un arrêt provisoire !

　　A la Bazoche de l'Amour
Ne languissent point les Parties :
On n'y connoît point de féries ;
　　On y plaide nuit & jour.
Il hait les grandes audiences
Qu'en robe rouge ouvre la Cour ;
　　C'est à huis clos que l'Amour
Prononce ses sentences.

　　Mais l'Amour ressemble à Thémis ;
Les yeux bandés, il pese, il juge ;
Il ouvre l'huître & puis la gruge ;
　　L'écaille est pour les maris.
Maris, craignez dans vos instances
La chambre des vacations ;
　　Intentez vos actions,
　　Brusquez les audiences.

N'allez pas sans précautions
Intervenir dans une affaire :
Dans les tribunaux de Cythere
   Craignez les injonctions.
Si l'on vient à perdre sa cause,
On peut interjetter appel.
   Puis apposer le grand scel ;
   Sans lui, c'est lettre close.

✢

Ayez deux témoins bien d'accord,
Quand vous déposez en Justice ;
Mais point de Juges sans épice :
   Qui donne n'a jamais tort.
Payez afin qu'on vous écoute,
Payez d'avance & de surcroît ;
   Sur-tout appointez en droit ;
   Sans quoi l'on vous déboute.

✢

D'être condamnés par défaut
Gardez-vous bien, plaideurs novices ;
N'offrez point de pieces factices,
   Car on s'inscriroit en faux.
Sans de beaux moyens de défense
Belles, ne vous produisez pas,
   Laissez plaider vos appas ;
   C'est là votre éloquence.

ENVOI.

A M. Carlier, Avocat & Procureur.

Je te le dis, de par l'Amour :
A ton épouse aimable & chere ;
Heureux Carlier, tu sais trop plaire

Pour être mis hors de cour.
Graces à vous, époux sinceres,
L'Hymen & l'Amour sans procès
A l'amiable, à jamais
Vivront chez vous en freres.

Par *M. MARECHAL.*

LA JALOUSIE RÉCIPROQUE.

AIR : *Lisette est faite pour Colin.*

Nous sommes, hélas ! tous les deux
  Atteints de jalousies,
Et nous souffrons des maux affreux
  Par cette phrénésie.
Mais au moins plus d'une raison
  A fait naître la mienne :
Il n'est point d'injuste soupçon
  Que ne forme la tienne.

Si tu me vois de temps en temps
  Avec une autre belle,
Tu crois que des vœux inconstans
  M'ont attiré près d'elle.
Si je soupire, c'est d'amour
  Pour ta rivale altiere,
Et soudain tu maudis le jour
  Où tu vis la lumiere.

Devrois-tu douter que mon cœur
  N'éprouve un feu sincere ?
En t'aimant, je paie au vainqueur
  Un tribut nécessaire.

Mais est-il rien qui de ta foi
M'assure ou me réponde ?
Je ne suis aimé que de toi,
Tu l'es de tout le monde.

Par *M. le Ch. de* CUBIERES.

L'ORIGINE DE L'ÉVENTAIL.

AIR : *Tout roule aujourd'hui dans le monde.*

UN jour Cupidon solitaire,
Les œuvres d'Ovide à la main,
Dans son parc royal de Cythere
Suivoit bonnement son chemin.
Quand tout-à-coup voyant les traces
De six petits pieds délicats,
Il calcula que les trois Graces
Avoient bien pu former ces pas.

✦

Vers ces Déesses ingénues
Le voilà qui court promptement :
On sait qu'elles vont toutes nues,
On sait qu'il va sans vêtement,
Qnand ces trois Sœurs se virent prises
Par ce petit Prince effronté,
On dit qu'elles furent surprises ;
Mais on dit qu'il fut enchanté.

✦

Cupidon qui venoit de lire
Justement la fable d'Argus,
Dit qu'il donneroit son empire
Pour avoir autant d'yeux & plus.
Mais les Graces, moins immodestes

Que l'enfant gâté de Cypris,
Sentirent sur leurs fronts célestes
La rose se changer en lys.

†

De leur main gauche, avec mystere,
Ces trois Sœurs ont voilé leur front,
De l'autre, en perpendiculaire,
Devinez ce qu'elles feront.
Elles voudront, la chose est claire,
Cacher leurs deux yeux à la fois :
Alors il sera nécessaire
D'écarter tant soit peu les doigts.

†

Aussi la chose arriva-t-elle,
Et, comme je l'avois prévu,
L'Amour, de ce trio femelle
Vit à la fin qu'il étoit vu.
Mais sans déranger ces rusées,
Par un industrieux travail.
Sur leurs mains ainsi disposées
Il imagina l'éventail.

†

Le sexe en adopta la mode,
Et l'on sait que cet ornement,
Sur tout en été, fort commode,
Joint l'utile avec l'agrément.
Pour cacher la pudeur d'usage
Contre un beau front le papier sert,
Et les brins forment un passage
Par où l'œil voyage à couvert.

Par *M. de PIIS.*

ÉTRENNES DU PRINTEMS

Aux Habitans de la campagne, & aux Herboristes, ou Pharmacie champêtre, végétale & indigene, à l'usage des pauvres & des Habitans de la campagne ; par M. P. P. Buch'oz, Médecin de Monsieur, Membre du College Royal des Médecins de Nancy, & de plusieurs Académies.

A Paris, chez *Lamy*, quai des Augustins, petit *in-8°.* tres-bien imprimé ; prix 36 sols broché, & 3 liv. relié en maroquin.

Ces Etrennes sont utiles, en ce qu'elles indiquent aux Habitans de la campagne les propriétés des végétaux qui les environnent & qui sont très-propres a leur fournir des médicamens analogues à leurs tempéramens. Nous avons eu déjâ des ouvrages de ce genre ; mais ils n'ôtent rien au mérite de celui-ci, qui est fait avec intelligence & un profond savoir. Dans les choses les plus légeres, tel qu'un Almanach, on distingue le vrai mérite ; d'ailleurs M. *Buch'oz* est un Médecin qui, en habile homme, sait frotter de miel les bords du vase qui contient quelquefois un breuvage fort amer.

ÉTRENNES SINCERES,

OU LE MISANTROPE.

Almanach nouveau, mêlé de vers & de chant, dédié aux esprits bienfaits, par M. Taconet.

Ludendo verum.

A Londres, & se trouve à Paris, chez *Langlois*, rue du Petit-Pont.

Taconet, étoit un des bons farceurs des boulevards, c'est une justice qu'on doit lui rendre, mais il faut l'avouer, quand il vouloit être Poëte, il ne jouoit pas un rôle bien distingué : son Almanach est une pure charge ; on y trouve par fois des traits, nous ne dirons pas d'esprit ou de génie, mais seulement des traits qui surprennent & ne peuvent amuser qu'un moment.

ÉPITAPHE

D'un honnête homme pauvre.

Ci-GIT qui vécut maigre & dans la pauvreté.
Riches, qui sous la tombe avez même partage,
Bannissez votre vanité.
Ce pauvre est votre égal, il a *même avantage* :

Et, comme vous, il eſt l'ouvrage
Des mains de la Divinité.

Pour le Portrait de Moliere.

Dans ſes yeux brille ſon génie :
Le Peintre ne l'a point flatté.
L'original & la copie
Nous *tracent* l'immortalité.

Pour le Portrait d'Alexis Piron.

Du feu de la Métromanie,
Cher Piron, je te vois rempli :
On peut dire que le génie
Avec toi *ne fait pas un pli.*

Il falloit être Taconnet pour ôſer dire en
vers, que le génie ne fait pas un pli. Cette
expreſſion a dû réuſſir aux boulevards.

Pour le Portrait de l'Auteur gravé en Singe.

Tel fut le ſort conſtant qu'éprouva Taconet
    Au Spectacle de Nicolet ;
Pour avoir un habit, des ſouliers & du linge,
    Il a fallu faire le ſinge.

LE PETIT FABULISTE

CHANTANT,

OU L'ÉSOPE MODERNE.

Etrennes récréatives & morales.

A Paris, chez *Cailleau*, Imprimeur-Libraire, rue Saint Severin.

PRESQUE tous les Almanachs de la nouvelle année tombent entre les mains de la jeunesse de l'un & de l'autre sexe : or vouloir l'instruire par des chansons, c'est véritablement lui donner des étrennes, & c'est mériter la reconnoissance des peres & meres. Le *Petit Fabuliste chantant* pouvoit aspirer à cet honneur, s'il ne se fût attaché qu'à des fables courtes & morales, comme sont celles des deux Mulets & de la Grenouille que nous citerons. Mais trois contes fort longs mis en *Pots-pourris*, l'ont éloigné bien au-delà du but que nous venons d'indiquer. Ces contes sont le *Rossignol*, *le Pâté d'anguille* & *la Matrône d'Ephese*. Revenons à nos fables ; il eût été sans doute à souhaiter que celles de la Fontaine eussent été chantantes d'un bout à l'autre. Notre Fabuliste n'eût pas été contraint de travestir les deux suivantes d'une maniere qui fait regretter infiniment l'original.

LES DEUX MULÊTS.

AIR : *Ah ! ma voisine es-tu fâchée.*

DEUX Mulets faisoient un voyage,
　　Un chargé d'or,
L'autre de fruits de jardinage,
　　Chétif trésor.
Le premier d'une allure fiere
　　Faisoit le fat,
Laissant son compagnon derriere
　　Comme un goujat

✢

Au bruit qu'il fait de sa sonnette
　　Vient le voleur.
On cherche l'or, & l'on se jette
　　Sur le porteur.
Il se défend, mais on l'accable
　　De mille coups.
Gens fastueux, à cette fable
　　Que dites-vous ?

✢

L'autre Mulet, que rien n'arrête,
　　Alloit son pas,
Et secouant un peu sa tête
　　Disoit tout bas :
J'estime fort, cher camarade,
　　Ton bel emploi ;

Mais j'aime mieux porter salade ,
Tu vois pourquoi.

LA GRENOUILLE TROP ENFLÉE.

Même Air.

QUE chacun se tienne en sa sphere ,
Dit le bon-sens ;
Telle leçon est bonne à faire
A bien des gens.
A qui n'en aime la pratique
Mal en prendra ;
Ce fait plaisant , quoique tragique ;
Vous l'apprendra.

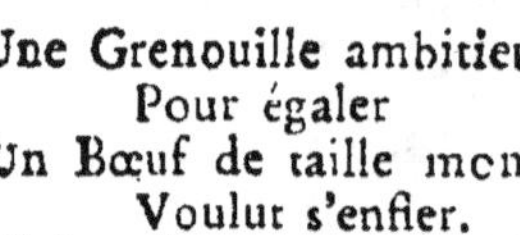

Une Grenouille ambitieuse ,
Pour égaler
Un Bœuf de taille monstrueuse
Voulut s'enfler.
Pleine de son projet frivole ,
Elle s'enfla ,
Et tant s'enfla la bête folle
Qu'elle en creva.

Nous ne pouvons ici résister à l'envie de citer la Fontaine , non pour en faire l'objet d'une comparaison qui lui seroit injurieuse , mais pour le seul plaisir de le citer.

LA GRENOUILLE.

UNE Grenouille vit un Bœuf ,
Qui lui parut de belle taille.
Elle qui n'étoit pas grosse en tout comme un œuf ,

Envieuſe, s'étend, & s'enfle, & ſe travaille;
　Pour égaler l'animal en groſſeur,
　　Diſant ; Regardez bien, ma ſœur,
Eſt-ce aſſez ? Dites-moi, n'y ſuis-je point encore ?.;
Nenni... M'y voici donc ?... Point du tout.. M'y
　　voilà ?..
Vous n'en approchez pas. La chétive pécore
　S'enfla ſi bien qu'elle en creva.
Le monde eſt plein de gens qui ne ſont pas plus ſages.
Tout Bourgeois veut bâtir comme les grands Sei-
　gneurs.
　Tout petit Prince a des Ambaſſadeurs.
　Tout Marquis veut avoir des Pages.

LE FAVORI DES DAMES.

Almanach chantant.

A Paris, chez *Valade*, Imprimeur-Libraire, rue des Noyers.

PRESQUE toutes les pieces qui compoſent
ces Etrennes, ſont agréables & délicates.
Elles dédommagent en quelque ſorte d'une
foule de mauvais Almanachs, qu'on trouve
ſouvent chez le même Libraire & dont il
pourroit faire grace au Public. Il a trop de
goût pour ne pas le ſentir. Mais !...*Auri ſacra
fames.*

AUX JOLIES FEMMES.

AIR : Des simples jeux, &c.

QUEL charme vers vous nous attire !
Et nous défend d'examiner
Vos rigueurs ou votre sourire.
Ainsi qu'il vous plaît d'ordonner ?
Le sage que chacun admire
Près de vous vient déraisonner ;
A vos pieds le barbon soupire,
N'est-ce pas assez pour régner ?

LE GATEAU DES ROIS.

A une jeune Demoiselle.

EGLÉ, si du hasard j'avois été l'arbitre ;
Votre triomphe étoit certain,
Et vous eussiez à meilleur titre
Été la Reine du festin.
Ainsi le hasard, la justice,
Loin de la brigue & du caprice ;
Auroient été d'accord pour vous seule une fois.
Mais ce qu'ils eussent fait, je dois ici le faire ;
Et sans aucun souci, quittant le rang des Rois ;
Je vous remets ma puissance éphémere.
Plaire & régner, voilà quels sont vos droits,
Vous obéir sera ma loi premiere.

BOUQUET.

A une Demoiselle fort aimable.

UNE fleur est un foible hommage
Si notre cœur ne le produit ;

Le sentiment a l'avantage
Lorsque le respect le conduit ;
C'est lui qui dicte mon langage ;
Et la sincérité le suit.

L'HOMME.

Impatient de tout connoître ;
Et se flattant d'y parvenir,
L'esprit veut pénétrer son être,
Son principe & son avenir.
Sans cesse il s'efforce, il s'anime ;
Pour sonder ce profond abîme,
Il épuise tout son pouvoir :
C'est vainement qu'il s'inquiette ;
Il sent qu'une force secrette
Lui défend de se concevoir.

LA DOUCEUR DU CLOITRE.

Séjour choisi par la décence,
Non, vous n'êtes pas effrayant ;
Et l'asyle de l'innocence
Doit l'être aussi du sentiment.
Jouir de soi dans le silence,
S'estimer, voilà le bonheur ;
Votre paisible dépendance
Ne pese point à notre cœur :
Sous une chaîne formidable
Il ne languit pas abattu ;
L'homme enchaîné, c'est le coupable :
Est-il des fers pour la vertu ?

L'AMOUREUX

L'AMOUREUX DE QUINZE ANS.

AIR : *Un jour Guyot trouva Lisette.*

DES feux qu'un regard fait éclore
Pour jeune amante je brûlai :
Ce n'étoit ni Vénus, ni Flore,
Mais c'étoit mieux, c'étoit Eglé.
Une douce mélancolie,
Charme touchant de ses beaux yeux,
Inspiroit à l'ame attendrie
Ce qu'on dit mal, ce qu'on sent mieux.

Dans son maintien, dans sa parure
Régnoit cette simplicité,
Qui, n'ôtant rien à la nature,
Ajoute encore à la beauté.
Sa taille élégante & légere
N'étoit point captive de l'art ;
Son teint, celui d'une bergere,
Comme son cœur étoit sans fard.

✙

Sous une dentelle modeste
L'œil entrevoyoit mille appas,
Qui faisoient soupçonner le reste,
Mais qu'Eglé ne soupçonnoit pas.
Ah ! qu'une Belle est dangéreuse
Sous un aspect si séducteur !
Toujours la beauté langoureuse
Eut le droit de toucher mon cœur.

✙

S

HOMMAGE A L'AMOUR.

J'AI vu couler ma jeunesse ;
Et l'aurore de mes jours,
Sans sourire à la tendresse ;
Sans caresser les amours.
Si dès mon adolescence,
Je n'ai pas traîné leur char ;
C'est qu'on a plus de tendresse ;
Quand on aime un peu plus tard.

⁙

Je touche à cet heureux âge
Qui rend fidele un amant ;
Je vais bietôt rendre hommage
A l'amour, au sentiment :
Va, mon cœur, rends-toi propice
Ces deux êtres immortels ;
Offre à l'un des sacrifices,
Dresse à l'autre des autels.

BOUQUET.

D'une fille à sa mere en lui offrant une Rose.

AIR : *Faut attendre avec patience.*

CETTE fleur est simple, elle est belle :
Nature à son gré la forma.
Mon cœur est aussi simple qu'elle :
Amour pour toi le façonna.
L'eclat de cette fleur nouvelle
Doit durer tout au plus deux jours :
Mon cœur est bien au dessus d'elle,
Puisqu'il pourra t'aimer toujours.

A L'AMOUR.

AIR : *Du Serin qui t'a fait envie.*

O Toi, qui regnes sur mon ame;
Dieu d'Amour, pénetre mes sens!
Que la vive ardeur de ta flâme
M'inspire les plus doux accens!
Viens, vole, daigne me conduire,
Viens me combler de tes faveurs;
Fais que mes chants, comme Thémire,
Puissent séduire tous les cœurs.

LE HOUSARD,

OU LE PETIT MARAUDEUR.

*Renforcé d'un Dictionnaire à l'usage de ceux
qui voient plus loin que le bout du nez.*

A Paris, chez *Valleyre*, rue de la Vieille
Bouclerie.

LE titre de cet Almanach nous a paru fort
bien rempli. Notre Housard met à contri-
bution tous les recueils de poésies qui tombent sous sa main, & l'on remarque avec
plaisir qu'il est capable de faire un choix.

Cependant nous avons cru devoir choisir encore parmi les pieces qu'il adopte, & nous préfentons ici ce que nous avons trouvé de mieux.

ÉPIGRAMME.

QUELQUES vers, Paul, que je compofe;
Je te les cache, j'en conviens :
Si tu veux en favoir la caufe,
C'eft de peur d'entendre les tiens.

COMPARAISON

De Sufanne & de Lucrece.

DEUX exemples de chafteté
Ont partagé l'antiquité.
Mais Sufanne, à mon gré, l'emporte fur Lucrece,
J'en prends l'univers à témoin.
Lucrece par fa mort expia fa foibleffe ;
Sufanne n'en eut pas befoin.

ÉPIGRAMME.

DORIS pefte pour un baifer,
Qu'elle-même m'a laiffé prendre :
Je vois bien que, pour l'appaifer,
Je ferai contraint de lui rendre.

LES CINQ SENS.

AIR : *Depuis que j'ai vu Nanette.*

J'AI *bu* du vin chez Silene ;
J'ai *senti* parfums & fleurs ;
J'ai *vu* les yeux de Climene,
J'entends ses accens flatteurs :
Le plaisir en est extrême ;
Mais auprès d'elle je sens
Que *le toucher*, quand on aime,
Est le plus parfait des sens.

CHANSON.

AIR : *D'Épicure.*

L'EAU qui caresse le rivage,
La rose qui s'ouvre au zéphir,
Le vent qui rit sous ce feuillage,
Tout dit qu'aimer est un plaisir.
De deux amans l'égale flâme
Sait doublement les rendre heureux :
Les indifferens n'ont qu'une ame ;
Lorsque l'on aime, on en a deux.

❧

Enfin la charmante Lisette,
Sensible à mon tendre tourment,
A bien voulu *dessus* l'herbette
M'accorder un léger moment,
Pressé d'une charge si belle,
Tendre gason, relevez vous ;
Il ne faut qu'une bagatelle,
Pour allarmer mille jaloux.

PETIT DICTIONNAIRE

A l'ufage du bon fens.

CET opufcule eft bien fait & mérite qu'on le life : c'eft un objet de douze pages. Parcourons-en quelques articles.

Apparence. Rideau avec lequel on peut faire tout ce que l'on veut, mais qu'il eft effentiel de tirer.

Artifice. Monnoie courante.

Babil. Patrimoine des femmes , fur lequel bien des hommes ne ceffent d'empiéter.

Créanciers. Honnêtes gens qui ont toujours tort, & qui enfeignent la politeffe.

Curiofité. Source de bien des progrès & de bien des fautes.

Douceur. Qualité qui embellit toutes les autres.

Efpérance. Jolie marchande de vent , dont le bon marché fait le débit.

Femmes. Être charmant, dont les graces font paffer les défauts.

Folie. Ame du monde.

Gravité. Trifte effet d'un fang trop froid.

Homme. Beau titre qu'on ufurpe fouvent comme tant d'autres.

Jeu. Supplément à l'efprit, ou reffource de l'avarice.

Infortune. Creufet de la fageffe.

Ingrats. Les trois quarts du Genre-Humain. Heureux pourtant qui peut en faire.

Liberté. Bien suprême, qui n'exista que dans le premier âge du monde.

Mariage. Espece de Loterie, où les bons billets sont bien rares.

Plaisir. Fantôme qui nous enchante, mais qui fuit dès que nous voulons le toucher.

Querelle. Faute, quand on se l'attire ; bêtise, quand on ne la prévient pas, & malheur lorsqu'on n'a pu l'éviter.

Raison. En parle qui voudra. Dieu me préserve de m'y connoître.

Rien. Etendue de nos connoissances.

Tracasserie. Occupation sérieuse pour bien des gens.

Vapeur. Petite maladie du beau sexe, qui tient beaucoup à l'imagination. Il n'est pas nécessaire d'être de la Faculté pour en savoir le remède.

Ziste & Zeste. Notre vie se passe entre ces deux mots.

Et cetera. Le meilleur de bien des Ouvrages.

IL FAUT LE VOIR.

Almanach chantant & divertissant.
Par M. B....

A Risipolis, & se trouve à Paris, chez *Langlois*, rue du Petit-Pont.

LE titre nous avertit de lire. Lecture faite, nous croyons qu'on peut s'en tenir à deux ou trois pièces que voici.

L'HEUREUX TEMPS.

AIR : *Le connois-tu, ma chere Éléonore.*

IL fut un temps, ô ma chere Glycere ;
Où la beauté pouvoit plaire sans fard,
Où le berger n'avoit qu'une bergere,
Où les Amans savoient s'aimer sans art.

✦

Cet heureux temps, hélas ! ne dura gueres ;
Il s'appelloit, dit-on, le siécle d'or.
Quoiqu'on le place au nombre des chimeres ;
Nous nous aimons....Nous y sommes encore.

✦

ROMANCE.

ROMANCE.

Air : *Une jeune Demoiselle.*

Sur le sable de ces rives,
Nos chiffres par toi tracés
Par les ondes fugitives,
Furent bientôt effacés.
Mais cet amoureux emblême,
Malgré sa fragilité,
Dura plus que l'Amour même,
Qu'il avoit représenté.

✤

C'est en ces mots qu'au bocage
Se plaignoit un tendre Amant,
Lorsqu'en ces lieux la volage
Se rendit au même instant :
Elle venoit solitaire,
Et gémissante *à son tour,*
Du crime d'être légere,
Demander grace *à son tour.*

Nous ne releverons pas cette expression, *à son tour,* qui rime avec elle-même, car nous croyons que l'Auteur a écrit, demander grace à l'Amour.

COUPLET SUR L'AMOUR.

Air : *Ton humeur est Catherine.*

L'Amour doit à l'innocence
Tout le prix de ses attraits.

T

Il triomphe sans défense,
Dès qu'il s'arme de ses traits.
La constance le couronne,
Tout ranime ses ardeurs :
Le plaisir lui fait un trône,
D'un gazon semé de fleurs.

MANUEL

DES FRANCS-MAÇONS,

ET DES FRANCHES-MAÇONNES.

Nouvelle Edition , enrichie de plusieurs Cantiques analogues à ces deux Ordres.

Avoir des mœurs , être droit & sincere,
C'est d'un Maçon l'aimable caractere.

A Philadelphie , chez Philarete , rue de l'Équerre , au Compas.

CET Almanach a cela de plaisant , c'est qu'il est fait de façon que les prétendus mysteres de la maçonnerie y semblent dévoilés & mis au grand jour : d'un côté les Francs-Maçons n'en conviennent pas , ils ont raison : & de l'autre , les Profanes n'en croient rien , ils n'ont pas tort ; c'est un cahos à développer. Tel est le résultat de ce Manuel qui nous dit qu'il faut entendre par le mot *Profanes*, ceux qui ne font pas Maçons, &c. Mais laiflons ces détails, paflons à l'hiftorique de la Maçonnerie ; il eft amufant & écrit d'une maniere féduifante.

On appelle *Loge* l'endroit où s'affemblent les Maçons. Elle eft compofée, dit-on, d'un Chef qu'on nomme *Vénérable*, de deux *Surveillans*, d'un *Orateur*, d'un *Secrétaire*, d'un *Tréforier*, & d'un nombre indéterminé de Maçons, appellés *Freres*, enforte qu'une loge, pour être complette, doit être compofée au moins de fept perfonnes. Pour être initié dans les myfteres, il faut avoir paffé par trois grades, celui d'*Apprentif*, celui de *Compagnon* & celui de *Maître*. Chacun de ces grades exige une réception particuliere. Voici celle d'Apprentif, telle qu'elle eft rapportée dans le *Manuel des Francs-Maçons*. Après l'ouverture de la loge, & le coup frappé à la porte, le fecond Surveillant dit au premier : Frere, on frappe à cette porte ; & le premier renvoie cette nouvelle en difant : Très-Vénérable, on frappe à cette porte. Voyez, mon cher Frere, dit le Vénérable, quel eft ce bruit profane. Le premier Surveillant dit de même au fecond de la part du Très-Vénérable : Frere fecond Surveillant, voyez qui frappe à cette porte. La porte s'ouvre : alors le Frere frémit à l'afpect d'un Profane, & ferme

la porte avec indignation. On frappe un,
deux, trois coups, & le second Surveillant
entr'ouvre la porte & dit : Que demandez-
vous : Frere ? Le Conducteur dit : C'est un
Profane que je présente pour être reçu Maçon.
La-dessus on ferme la porte de nouveau,
& le second Surveillant, s'adressant au premier, dit : Frere, c'est un Gentilhomme qui
souhaite d'être reçu Maçon. Le premier Surveillant, après une révérence profonde, la
main sous la gorge formant une équerre,
fait ainsi son rapport. Très-Vénérable, c'est
un Gentilhomme qui demande d'être reçu
Maçon. Le Vénérable, instruit qu'un Gentilhomme se présente pour être reçu Maçon,
dit gravement : Frere, ce Gentilhomme a-
t-il les dispositions requises ? Est-il présenté
par un Frere connu ? Demandez-lui son nom,
son sur-nom & l'âge qu'il a. Le premier
Surveillant répete ces paroles au second,
qui va faire ces trois questions. Le second
Surveillant rapporte la réponse au premier,
qui la répete au Vénérable, qui dit ces
mots : Frere premier Surveillant, voyez s'il
est dépourvu de tous métaux, s'il a les yeux
bandés, la mammelle gauche découverte,
le genou droit nud, & le soulier gauche en
pantoufle. Le second Surveillant ayant répondu qu'oui, il dit d'une voix haute : Qu'il
entre.

Dès qu'il paroît, le Vénérable s'écrie :
Profane, téméraire, quoi ! vous osez por-

ter ici vos pas! venez-vous ici pour dévoiler
nos mysteres à vos semblables? Celui qui
doit être reçu répond qu'il vient le prier de
le recevoir au nombre de ses Freres, & de
lui accorder une place parmi eux. Hé bien,
dit alors le Vénérable, que l'on fasse voyager
ce Profane sous la voûte ferrée d'Occident
à l'Orient, pour chercher la lumiere. Le Frere
qui le tient alors par la main, lui fait faire
trois tours dans la loge, & le reconduit
ensuite d'où il étoit parti. Alors le Vénérable, après différentes épreuves, dit: J'ai pitié
de ce Profane; faites-lui voir la lumiere. A
ces mots, on lui ôte le bandeau, & il ap-
perçoit à droite & à gauche, les Freres
l'épée nue à la main, les pointes tournées
contre lui avec des yeux menaçans, & le
Vénérable le maillet levé, une table devant
lui, un livre dessus, trois chandeliers &
deux épées en sautoir.

Après quelque temps, le Vénérable frappe
un coup de Maillet, & les Freres, avec un
air plus doux, rengaînent leurs épées &
se mettent à l'Ordre d'Apprentif. Frere premier Surveillant, dit le Vénérable, faites
lui mettre les pieds en équerre, & présentez-
le moi par trois pas. Sitôt que l'on touche
à l'Autel, le Vénérable se leve, & lui fait
mettre un genou en terre; alors il appuie
la pointe d'un compas sur sa mammelle
gauche, & il le lui fait soutenir avec la main
du même côté: il prend la droite & la pose

ſur deux épées croiſées , ſous leſquelles il y a un livre d'Evangile ouvert à l'endroit où eſt celui ſelon Saint Jean ; puis , le maillet levé , il fait prononcer le ſerment.

Formule du Serment.

Je jure à la face du Grand Architecte de l'Univers, qui eſt Dieu, de ne jamais revé-ler le ſecret des Maçons & de la Maçon-nerie , directement ou indirectement ; de ne point le tracer de bouche ou par écrit , ou de maniere quelconque , & en cas d'infrac-tion , je conſens d'avoir la gorge coupée , les yeux crevés , le ſein percé , le cœur arraché, les entrailles tirées du corps, brulées & ré-duites en cendre & jettées au fond des abî-mes de la mer, ou répandues par les quatre vents ſur la ſurface de la terre, afin qu'il ne ſoit plus fait mémoire de moi parmi les hommes : ainſi Dieu me ſoit en aide & ſon ſaint Evangile. *Amen.*

Le ſerment fini , l'apprentif ſe releve de cette poſture ; le Vénérable baiſſe ſon maillet, le fait placer à côté de l'Autel , puis prenant le tablier qui lui eſt deſtiné, dit : Je change le nom de *Monſieur*, qui eſt profane , en celui de *Frere* ; il lui donne un tablier qu'il lui attache à la ceinture , la bavette en-dedans : mettez ces gants, dit le Vénérable, leur blancheur eſt le ſymbole de la pureté des mœurs d'un Maçon ; cette autre paire

eſt à l'uſage des dames , pour leur faire voir
que nous ne les oublions point dans nos
myſteres ſecrets ; vous voilà initié au nombre des Freres ; il vous manque encore bien
des choſes. Souvenez-vous, mon cher Frere,
que les Maçons ſe ſervent de ſignes, de
mots & d'attouchemens pour ſe reconnoître.
Le ſigne d'Apprentif ſe fait en étendant le
bras droit & en portant la main ſous la
gorge ; on la tire enſuite horiſontalement
le long de l'épaule , & on la rabat en ligne
perpendiculaire. L'attouchement ſe donne en
mettant la main droite dans celle d'un frere,
les doigts étendus & le pouce en-dehors, pour
l'appuyer ſur la premiere jointure de l'index
par trois fois. Le mot eſt *Jakin*, qui eſt
le nom que porta autrefois une des colon-
nes d'airain que Salomon avoit placée à l'en-
trée du Temple , & au pied de laquelle les
Apprentifs venoient recevoir leur ſalaire ;
mais il ne faut pas prononcer ce mot bruſ-
quement lorſqu'il s'agit d'être connu. Si
quelqu'un s'annonce comme frere, il fera
quelque ſigne, il vous tendra la main &
appliquera ſon pouce ſur la premiere phalange. Vous direz : Frere, que ſignifie cela?
Il répondra l'attouchement. Donnez-moi la
parole, direz-vous. Je vous donnerai la
premiere lettre, repliquera-t il, donnez-moi
la ſeconde, J : vous répondrez A : il ajou-
tera K : vous direz I : il finira par N ; puis
vous embraſſant , vous dira à l'oreille droite

& à la gauche, *Jakin*, ce qui fait le myſtérieux mot de Jakin, que l'on avoit écrit ſur cette colonne. On a renforcé encore le ſecret par un mot de paſſe, ce mot eſt *Tubalkain*, qui a beaucoup de rapport avec celui qui fut le premier Forgeron de l'Univers.

Ce raiſonnement fini, le Vénérable adreſſe la parole au premier Surveillant, pour qu'il ait à ſignifier que l'on va fermer la Loge d'Apprentif. Le premier Surveillant le dit à la droite, & le ſecond à la gauche. Le Maître frappe trois coups, les deux Surveillans en font autant. Le Vénérable fait le ſigne d'apprentif, en diſant : Mes Freres la Loge d'apprentif eſt fermée par trois grands coups; ce qui ſe répete ſucceſſivement: enſuite on frappe trois autres coups avec la main, en diſant : *Vivat ! Vivat ! Vivat !*

Suit le Catéchiſme des apprentifs; il faut le lire dans le Manuel même. La réception de Compagnon & celle de Maître y ſont expoſées dans le plus grand détail. Nous nous bornerons à indiquer ici le ſigne, la parole & l'attouchement des Compagnons, & ce qu'on appelle la parole & le mot de paſſe des Maîtres. Le ſigne de Compagnon ſe fait en étendant la main droite ſur la cuiſſe, & la relevant perpendiculairement, pour l'appliquer ſur le cœur, le pouce écarté, repréſentant l'équerre; on la tire enſuite

horifontalement à travers la poitrine, & on
la rabat d'aplomb, pour former une autre
équerre. La parole eft *Booz*; il y a encore
un mot de paffe qui eft *Schibboleth* : pour
donner l'attouchement, on ouvre la main
droite, comme font les apprentifs, mais en
appliquant le pouce fur la feconde phalange
qui eft le doigt du milieu, par trois fois.
Enfin la parole pour les Maîtres, eft *Mak
Benak*, dont le demandeur dit la premiere
fyllabe, & le répondant les deux autres. Il
y a auffi un mot de paffe qui eft *Giblos*, &c.

Mais le point important de la Maçonnerie
& fans lequel il n'exifteroit point de Maçons,
c'eft le plaifir de la table, ou le *Banquet*,
comme ils l'appellent. On lit à ce fujet l'article fuivant dans le Manuel des Francs-
Maçons.

Loge de Table.

Il faut favoir que la bouteille fe nomme
une barique, le verre un canon, le vin
poudre rouge, & l'eau poudre blanche. Le
fouper fervi fur table, le Vénérable frappe
un coup en difant : A l'ordre, mes Freres.
Il demande au premier frere Surveillant s'il
eft Maçon, fi la loge eft couverte, d'où il
vient, ce qu'il apporte, & l'heure qu'il eft.
Enfuite il dit : Chargez mes Freres, & ali-
gnez vos canons; il demande aux Surveillans fi les canons font bien chargés & ali-
gnés, lefquels ayant répondu qu'oui, le

Vénérable se leve & dit : c'est pour avoir
le plaisir de porter la santé de &c. &c.
avec tous les honneurs de la Franche-Ma-
çonnerie, par trois fois trois. Portez la main
droite à vos armes ; haut les armes ; en joue ;
feu, bon feu, & très-bon feu. Ensuite il dit
une, deux, trois, & on forme trois trian-
gles, dont la poitrine est la base, & les
épaules, les parties latérales. Le Maître
ajoute : bas les armes, une, deux, trois,
& chacun appuie fortement son gobelet sur
la table. On frappe neuf coups dans les
mains, en trois temps, & en faisant claquer
les doigts, on crie, *vivat ! vivat! vivat ! &c.*

Quelle folie ! Quel enfantillage ! Que ne
prête pas l'imagination quand on veut s'y
abandonner ? Mais ne tombons pas dans
les réflexions, & pour égayer cet article,
terminons le par les couplets suivans,
adressés

AU BEAU SEXE.

AIR : *De la béquille.*

LA Lanterne à la main,
En plein jour dans Athenes,
Tu cherchois un Humain,
Sévere Diogenes.
De tous tant que nous sommes,
Visite les maisons ;
Tu trouve as des Hommes,
Dans tous les Francs-Maçons.

L'heureuse Liberté
A nos Banquets préside ;
L'aimable Volupté
A ses côtés réside.
L'indulgente Nature
Unit dans un Maçon,
Le charmant Epicure
Et le Divin Platon.

Pardonne, tendre Amour,
Si dans nos Assemblées,
Les Nymphes de ta Cour
Ne font point appellées :
Amour, ton caractere
N'est point d'être discret ;
Enfant, pourrois-tu taire
Notre fameux secret ?

Tu cause assez de maux,
Sans troubler nos mysteres ;
Tu nous rendrois rivaux,
Nous voulons être freres ;
Notre chere famille,
Redoute les débats,
Qu'enfante la Béquille
Du Pere Barnabas.

Toutefois ne crois pas
Que des ames si belles,
A marcher sur tes pas
Soient constamment rebelles :
Nos soupirs font l'éloge
Des douceurs de ta loi ;
En sortant de sa Loge,
Tout bon frere est à toi.

LES ORACLES.

Almanach chantant & amusant, pour la présente année.

A Paris, chez Valade, rue des Noyers.

Nous avons vu peu d'Almanachs aussi mal faits que celui-ci ; point de goût, point de sel, aucune connoissance des regles les plus simples de la Poésie.

Dans six ans, pour six jours, vous serez dans le
     lien,
Vous aurez dans vingt ans une très-*jolie* brune.
Chaque jour votre cœur tendre cha ge de *lien*.
Et que d'un grand *sérieux* vous nous y fassiez voir.

Quelle versification ! le sieur Valade n'est pas heureux dans le choix qu'il fait de ses Auteurs d'Almanachs ; une seule chanson, que l'on trouve par-tout, nous dédommage de ses Oracles tristes & maussades. C'est

L'AMOUR QUÊTEUR.

Jupiter, un jour en fureur,
Avoit banni l'Amour sur terre.
Gourmand, & ne sachant que faire,
Il se mit Frere Quêteur.

D'un Personnage respectable
Avec l'habit il prit le ton.
  Frere Amour en capuchon,
  Ne pouvoit qu'être aimable.

✚

  Voici le petit Cupidon
Courant le monde à l'aventure ;
Le Dieu qui soumet la Nature
  Est réduit à l'abandon.
A la porte d'nn Monastere
Il arriva bien fatigué :
  Faites-moi la charité ;
  Je suis dans la misere.

✚

  Aux cris du jeune Séducteur,
Une Nonne vînt à la porte,
Voyant Cupidon de la sorte,
  La pitié gagna son cœur.
Pour vous délasser de la route,
Mon frere, entrez dans la maison...
Prenez-moi par mon cordon,
  Ma Sœur, je n'y vois goute.

✚

  Sans le savoir, la pauvre Agnès,
Mit le loup dans la bergerie ;
Et son innocence chérie,
  Va s'envoler pour jamais.
Frere Amour eut tant d'éloquence ;
Qu'il parvint à la convertir,
  Lui fit aimer le plaisir
  En prêchant pénitence.

✚

Bientôt le petit Cupidon,
Paſſa de cellule en cellule,
A Sœur Brigitte, à Sœur Urſule;
Il va préſentant ſon tronc.
Par-tout il reçoit mainte aumône;
Et pour le Dimanche ſuivant
Chaque Nonne du Couvent,
Le recommande au Prône.

✻

L'Amour en froc étoit charmant;
Mais il n'étoit pas moins volage:
Je vais achever mon voyage,
Leur dit-il d'un ton dolent.
Ah! quel tourment! Ah! quel ſupplice!
Vous nous quittez, petit fripon!
Laiſſez-nous votre cordon,
Mes Sœurs, Dieu vous béniſſe!

LE PLAISIR DES BELLES.

Almanach Anarogine , Poëtico - Chantant.

A Paris, chez la veuve *Duchefne*, Libraire, rue S. Jacques.

L'AUTEUR de ces Etrennes n'a pas fait un effort d'imagination bien conſidérable pour faire au Public un pareil préſent: que ne gardoit-il ſes vers dans ſon Porte-feuille; il faut pourtant les parcourir & préſenter au Lecteur ce qu'il y a de mieux.

MADRIGAL.

TON tendre cœur, ami, voilà mon bien suprême,
L'Univers est à moi, si tu me dis je t'aime.

LA VRAIE AMITIÉ.

QUAND notre ami veut faire une folie,
Donnons jusques à notre vie,
S'il le faut, pour l'en empêcher.
Son intérêt, si la vertu nous lie,
Jusqu'à ce point doit nous toucher.

ÉPIGRAMME.

Sur les vers de Société.

DE nos jeux on doit faire état ;
Nous nous amusons sans éclat.
Nos vers sont un doux somnifere ;
Lere la lere lan lere, &c.

MADRIGAL.

AIR : *Par-devant le Dieu de Cythera.*

SOUS le masque de l'artifice,
Envain veut-on cacher le vice,
Tôt ou tard en le voit de cer.
Ta modestie à l'art ressemble,
Elle ne sauroit no s'cacher
Les vertus que ton cœur rassemble.

LE PETIT POLISSON.

Almanach de mode, badin & chantant, sur des airs nouveaux, connus & choisis, par M. D. V. D.

Chez *Langlois*, rue du Petit-Pont.

LES Poliſſons ne ſont de mode que dans le libertinage, & l'on devroit rougir d'en faire parade dans un titre. Mais l'Auteur ne demande qu'à écrire, ſi ce n'eſt point *propter famam*, c'eſt ſans doute, *propter famem*. *Voyez* dans ce recueil les Almanachs du même Auteur. Ils ont plus beſoin que d'autres d'être indiqués par nos notices; car c'eſt comme ſi nous diſions à quelqu'un, en lui montrant un chardon au milieu des roſes, *voyez* cette plante, c'eſt-à-dire ne la touchez pas.

LE VRAI PRÉSENT

DE LA GAIETÉ.

Étrennes chantantes.

A Paris, chez l'*Esclapart*, fils, Libraire, Pont Notre-Dame.

La gaieté du vrai Chrétien doit-être une joie pure & simple ; elle anime tous ses momens. Toujours satisfait, parce qu'il reconnoît en tout la volonté de Dieu ; il bénit le Seigneur dans tous les temps, &c.

Ce préambule d'un avertissement mis en tête du *Vrai présent de la gaieté*, indique suffisamment l'objet & la matiere de cet Almanach. Nous respectons & nous approuvons l'idée d'offrir à la jeunesse des cantiques édifians, des sentimens pieux & des prieres ferventes, sur des airs agréables & connus. Mais nous regrettons qu'une main exercée à la poësie n'ait pas daigné présider à ce petit recueil. Par quelle fatalité le mauvais goût accompagne-t-il toujours la piété la plus tendre & la dévotion la plus raisonnable ! Dans le seul cantique, *sur le danger des*

V

bals, on lit avec peine ces vers défectueux.

> *Pour y entrer suit l'attrait.*
> *Dans l'ame éloignée du vice.*
> *Quand Dieu en est offensé.*

Voici les couplets où ils se trouvent. Nous les rapportons pour l'édification de la jeunesse.

Air : *L'Amant frivole & volage.*

> Ah ! qu'à jamais l'on haïsse
> Ces séjours tant défendus !
> Ils font l'école du vice,
> Et le tombeau des vertus.
> Qui, sous un dessein louable,
> *Pour y entrer suit l'attrait,*
> Toujours il en sort coupable.
> De quelque péché secret.

✳

> Par les sens ainsi se glisse,
> Le plus meurtrier poison
> *Dans l'ame éloignée du vice,*
> O fatale occasion !
> Faut il qu'elle en soit instruite,
> Et qu'elle ait à déplorer
> Ce que toujours dans la suite,
> Elle devoit ignorer.

✳

> Quant à vous, maîtres, maîtresses,
> Vous répondrez des péchés
> Dont se souille la jeunesse,

Si vous ne les empêchez.
L'usage qui vous abuse,
Peut il être autorisé ,
Et devenir une excuse
Quand Dieu en est offensé ?

Si toutes les pieces du *Vrai présent de la gaieté* ressembloient à celle que nous allons citer , nous n'aurions eu que des louanges à donner a leur Auteur.

L'EXISTENCE DE DIEU

Dans tout ce qui nous environne.

AIR : *Chere Annette , reçois l'hommage.*

LES Êtres ont tous leur langage,
Pour louer un Dieu créateur;
Il n'est rien qui ne rende hommage,
Dans l'Univers, à son Auteur :
L'astre brillant de la lumiere,
Par son éclat majestueux,
Dans tout le cours de sa carriere,
L'annonce, en parle à tous les yeux.

Il est sa rayonnante image ;
Mais Dieu peut-il se concevoir?
Notre œil, qui de loin l'envisage ;
De trop près n'ose point le voir.
Je connois un Dieu, je l'adore :
De ses bienfaits mon cœur jouit,
Quel est-il en soi ? je l'ignore ;
Et son trop d'éclat m'éblouit.

L'insecte qui , dans la Nature,
Est le plus vil , le plus petit,
Prêche à nos yeux, par sa structure,
La main puissante qui le fit.
Oh ! quel spectacle magnifique
Que les organes de son corps
Quelle admirable mécanique
Que ses invisibles ressorts !

Ce que je sens en moi qui pense,
Ne prouve t il pas clairement
Qu'il est une autre intelligence,
Qui doit penser parfaitement ?
L'homme pourroit parler en sage,
Et des moyens & de la fin,
Et l'Auteur d'un si bel ouvrage
Seroit un aveugle destin !

Non, le système de l'Impie,
N'est tout au plus que dans son cœur,
Et c'est plutôt une folie
Qu'un sentiment ou qu'une erreur.
Si jamais sa raison sommeille,
Et goûte un charme séducteur,
Le cri de l'Univers l'éveille,
Et lui rappelle un Créateur.

LE RÉPERTOIRE

DES BELLES.

Étrennes érotiques & critiques.

S'il est doux de plaire & charmer,
Il est encor plus doux d'aimer.

Aux Délices, & à Paris, chez la Veuve *Duchesne*, rue Saint Jacques.

LES Belles ne trouveront pas dans cet Almanach tout ce qu'on leur fait espérer ; tel est l'usage : d'ailleurs c'est un petit Maître qui parle. Il est léger, superficiel, & ce qu'il dit ne laisse pas des impressions bien profondes. Nous avons été frappés d'une seule pensée qui se trouve à la fin d'une piece de vers, & dont on pourroit faire une épigramme. Il s'agit de la conscience d'un Procureur.

. . . .

Parbleu ! dit le gissant, d'un air de confiance,
Sur cet article là j'accepte le défi.
Ma conscience est à l'épreuve,
Elle est entière & toute neuve ;
Je ne m'en suis jamais servi.

Voici encore un morceau qui peut soutenir la lecture.

LE POUVOIR DE L'AMOUR.

AIR : *Jusques dans la moindre chose,*

Jusques à la moindre chose,
L'Amour prête des attraits ;
L'aimable métamorphose
Signale tous ses bienfaits.
De la jeune Eléonore
Veut-il orner le beau sein ?
Le plus simple don de Flore,
Devient rose sous sa main.

LE TRÉSOR

DES ALMANACHS.

*Etrennes nationales, curieuses, nécessaires
& instructives.*

In tenuitate copia.

Chez *Cailleau*, Imprimeur-Libraire, rue
Saint Severin.

Dans 143 pages d'un très-petit caractere,
le sieur Cailleau, Auteur de cet Almanach,

nous préfente une infinité d'articles, tous plus intéreſſans les uns que les autres. Celui même du Calendrier eſt curieux par ſes acceſſoires. Voici ce qu'on lit au mois d'Août ſous une petite gravure.

La Gravure.

Cet art qui, par le moyen du deſſin & de l'incifion fur les matieres dures, imite les lumieres & les ombres des objets viſibles, n'a été connu qu'imparfaitement des Anciens. (*Du temps d'Abraham les Egyptiens ſavoient déjà graver fur les pierres fines.*) Ils ſavoient graver en relief & en creux, fur le marbre & fur le bronze, leurs Inſcriptions & leurs Loix. La gravure en creux eſt la plus ancienne. Cet art paſſa d'Italie en France ſous François-Premier : la gravure étoit alors informe. Ce n'eſt que depuis 150 ans qu'elle a été portée à la plus haute perfection.

Après les mois de l'année, l'Auteur nous donne la ſucceſſion des Rois de France, qu'on ne doit point regarder comme une ſimple liſte. Le Lecteur en jugera par les deux articles ſuivans.

25. Louis premier, à qui ſa bonté & ſa facilité de pardonner ont donné le ſurnom de Débonnaire, né en 778, de Charlemagne & d'Hildegarde, aſſocié à l'Empire en 813,

fuccede le 28 Janvier 814 à fon pere ; il étoit alors âgé de 36 ans. Cet Empereur éprouve les plus grandes difgraces de fes propres enfans. Il en meurt de chagrin le 20 Juin 840, avec de grands fentimens de piété ; il avoit régné 26 ans & 3 mois, & étoit dans la 63 année de fon âge ; il eft enterré à Mets, & inhumé dans l'Eglife de Saint Arnoult. Il eut deux femmes, Hermengarde & Judith. *Sous Louis le Débonnaire & fous Charlemagne, l'étiquette de la Cour étoit que les Seigneurs, en abordant le Monarque, lui baifaffent les pieds. Les Princes & les Prélats avoient le privilége de lui baifer les genoux. Les Reines elles-mêmes baifoient les genoux de leurs maris.*

32. Raoul ou Rodolphe, Duc de Bourgogne, fut élu Roi. Il fut couronné à Soiffons, avec Emme, fa femme, le 13 Juillet 923, par les intrigues de Hugues le Grand, fon beau frere. Hugues le Grand, fils de Robert, ayant demandé à Emme, fa fœur, femme de Raoul, lequel des deux, de lui ou de Raoul elle choifiroit pour Roi ; Emme ayant répondu qu'elle aimoit mieux baifer les genoux de fon mari que ceux de fon frere, Hugues fur fa réponfe cede la couronne à Raoul. Ce Prince défait entierement les Normands. Il mourut le 15 Janvier 926, fans laiffer d'enfans mâles, & fut enterré à

Sainte

Sainte Colombe de Sens. Il avoit regné 14 ans.

La Famille Royale de France n'est pas oubliée dans le trésor des Almanachs. Elle est suivie immédiatement d'un tableau de la France Ecclésiastique, composée de 19 Archevêchés & de 121 Evêchés, y compris ceux d'Avignon & de l'Isle de Corse. On y compte 34,498 Cures ou Parroisses & 4,644 Annexes, 16 Chefs d'Ordre ou Congrégations, 1,897 Monasteres & Abbayes, dont 16 Royales; 1,520 Couvens de Religieux Mendians, divisés en 87 Provinces monastiques; 557 Couvens de Religieuses; 3,800 Couvens ou environ de différens Ordres Religieux des deux sexes.

Vient ensuite une *description curieuse & intéressante des XXXIX Gouvernemens Civils & Militaires des Provinces de France.* Nous en citerons un au hasard pour faire connoître la maniere de l'Auteur.

I X. L E L A N G U E D O C.

68 lieues sur 34.

M. le Maréchal Duc de Biron, Gouverneur
1775.

Cette Province, du ressort du Parlement
X

de Toulouse, fut réunie à la Couronne en 1270, par Philippe le Hardi, fils de Saint Louis, & que le Roi Jean II confirma en 1361, par Lettres-Patentes ; elle tient son nom de la langue du pays, où l'on dit *oc*, pour dire oui, d'où l'on a formé *Langue d'oc*. Cette Province est la plus fertile & la plus agréable de la France. Elle abonde en grains, fruits & vins excellens. Ses principales rivieres font le Rhône, la Baronne, le Tarn & l'Allier, ainsi que le fameux Canal Royal qui joint la Mediterranée à l'Océan, projetté par Riquet, & achevé en 1680, par les ordres de Louis XIV. Ce Canal est une des merveilles du monde.

On trouve dans le Languedoc tout ce qui est nécessaire à la vie, surtout dans le bas, dont le climat est très chaud en été & très-froid en hiver. C'est un *Pays d'Etat*.

Les Languedociens font actifs, spirituels, laborieux, entendus dans le Commerce, très-intéressés & très-fobres.

Toulouse, &c.

A cette description qui ne dément point son titre succedent plusieurs tables ou tableaux que nous ne ferons qu'indiquer.

Ordres Royaux & Militaires créés en France.

Maréchaux de France.

Marine de France.

Espace qu'occupe une Flotte.

Table des dimensions des Vaisseaux de guerre.

Récapitulation des Troupes de France & de la Marine, comparées à celles d'Espagne & d'Angleterre, &c.

Tableau exact du nombre de Matelots employés par les Puissances belligérantes.

Nombre d'hommes sous les armes en Europe.

Ministres & Secrétaires d'Etat, avec leurs demeures & jours d'audiences, noms des personnes en place, avec leurs jours d'audience & demeures.

Les XIII Parlemens de France, selon leur création.

Conseils Souverains, Chambres des Comptes, Cours des Aides, Cours des Monnoies.

Magistrats du Châtelet de Paris.

Les XXIV Villes de France, où il y a une Université.

Académies Royales & Sociétés Littéraires.

Intendances & Généralités.

Proportion du poids des corps, de la grosseur d'un pied cube.

Poids des especes monnoyées d'or & d'argent.

Bibliotheques publiques & particulieres

Empires, Royaumes, &c. de l'Europe, avec l'année de leur fondation, leur étendue, &c.

Départ de Paris par jour & par heure, des Diligences, Carrosses & voitures publiques, &c.

Départ des Coches d'eau.

Roulage de France.

Service & prix des Carrosses de Places à Paris.

Bains publics, Mont-de-Piété, rapports des mesures courantes.

Expériences curieuses sur les probabilités de la vie.

Merveilles de la Nature & de l'art, & les jours qu'elles sont visibles à Paris.

Cette énumération & les détails dans lesquels nous sommes entrés plus haut suffisent pour donner, du *Trésor des Almanachs*, nne idée exacte & avantageuse.

TABLE

Des Matieres contenues en ce volume.

246

Fin de la Table.

APPROBATION.

J'AI lu par ordre de Monseigneur le Garde des Sceaux, un Manuscrit qui a pour titre : *L'Esprit des Almanachs* ; analyse critique & curieuse de tous ceux qui ont paru jusqu'à ce jour, & je n'y ai rien trouvé qui puisse en empêcher l'impression. A Paris, le 4 Décembre 1782.

CARDONNE.

PRIVILEGE DU ROI.

LOUIS, PAR LA GRACE DE DIEU, ROI DE FRANCE ET DE NAVARRE; A nos amés & féaux Conseillers les Gens tenans nos Cours de Parlement, Maîtres des Requêtes ordinaires de notre Hôtel, Grand-Conseil, Prévôt de Paris, Baillifs, Sénéchaux, leurs Lieutenants Civils, & autres nos Justiciers qu'il appartiendra : SALUT. Notre amé le Sieur WOLF D'ORFEUIL, Nous a fait exposer qu'il désireroit faire imprimer & donner au Public, un Ouvrage intitulé : *L'Esprit des Almanachs, avec l'Almanach des Livrées* ; s'il nous plaisoit lui accorder nos Lettres de Privilege à ce nécessaires. A CES CAUSES, voulant favorablement traiter l'Exposant, Nous lui avons permis & permettons de faire imprimer ledit Ouvrage autant de fois que bon lui semblera, & de le vendre, faire vendre & débiter par tout notre Royaume, pendant l'espace de dix années consécutives, à compter de la date des Présentes. FAISONS défenses à tous Imprimeurs, Libraires & autres perfonnes, de quelque qualité & condition qu'elles foient, d'en introduire d'impreffion étrangere dans aucun lieu de notre obéiffance ; comme auffi d'imprimer, ou faire imprimer, vendre, faire vendre, débiter ni contrefaire lefdits Ouvrages, fous quelque prétexte que ce puiffe être, fans la permiffion expreffe & par écrit dudit Expofant, fes hoirs ou ayans caufe, à peine de faifie & de confifcation des Exemplaires contrefaits, de fix mille livres d'amende, qui ne pourra être modérée, pour la premiere fois ; de pareille amende & de déchéance d'état en cas de récidive, & de tous dépens, dommages & intérêts, conformément à l'Arrêt du Confeil du trente Août 1777, concernant les contre-façons. A la charge que ces Préfentes feront enregiftrées tout au long fur le Regiftre de la Communauté des Imprimeurs & Libraires de Paris, dans trois mois de fa date d'icelles ; que l'impreffion dudit Ouvrage fera faite dans notre Royaume, & non ailleurs, en beau papier & beau caractere, conformément aux Réglemens de la Librairie, à peine de déchéance du préfent Privilége : qu'avant de l'expofer en vente, le Manufcrit qui aura fervi de copie à l'impreffion dudit Ouvrage, fera remis dans le même état où l'Approbation y aura été donnée, ès mains de notre très-cher & féal Chevalier Garde des Sceaux de France le Sieur HUE DE MIROMENIL, Commandeur de nos Ordres ; qu'il en fera enfuite remis deux Exemplaires dans notre Bibliotheque publique, un dans celle de notre Château du Louvre, un dans celle de notre très-cher & féal Chevalier Chancelier de France le fieur DE MAUPEOU, & un dans celle dudit Sieur HUE DE MIROMENIL: Le tout à peine de nullité des Préfentes. Du contenu defquelles vous MANDONS & enjoignons de faire jouir ledit Expofant & fes ayans caufe pleinement & paifiblement, fans fouffrir qu'il leur foit fait aucun trouble ou empêchement. VOULONS que la copie des Préfentes, qui fera imprimée tout au

250

long au commencement ou à la fin dudit Ouvrage;
foit tenue pour duement fignifiée; & qu'aux copies
collationnées par l'un de nos amés & féaux Con-
feillers-Secrétaires, foi foit ajoutée comme à l'original. COMMANDONS au premier notre Huiffier,
ou Sergent fur ce requis, de faire, pour l'exécu-
tion d'icelles, tous Actes requis & néceffaires, fars
demander autre permiffion, & nonobftant clameur
de Haro, Charte Normande, & Lettres à ce con-
traires. Car tel eft notre plaifir. Donné à Verfailles,
le vingt neuvieme jour du mois d'Octobre, l'an de
grace mil fept cent quatre-vingt-deux, & de notre
Regne le neuvieme. Par le Roi en fon Confeil.

LE BEGUE.

*Regiftré fur le Regiftre XXI de la Chambre
Royale & Syndicale des Libraires & Imprimeurs
de Paris, Nº. 2629, fol. 780, conformément
aux difpofitions énoncées dans le préfent Privilege; & à la charge de remettre à ladite Chambre
les huit Exemplaires prefcrits par l'Article CVIII
du Réglement de 1723. A Paris le 8 Novembre
1782.*

Signé, LECLERC, Syndic.